베스트 空手道全書
평안·철기
5

中山正敏 著 / 明在玉 監修
姜泰鼎 譯

서림문화사

베스트 공수도전서

나카야마 마사도시 지음

베스트 공수도전서 ⑤

차 례

나카야마(中山) 공수의 진수 7
책 머리에 9
공수도란? 11
공수도에 있어서의 형(形) 13

제1장 평안(平安)초단 ································ 19
제2장 평안2단 ···································· 35
제3장 평안3단 ···································· 53
제4장 평안4단 ···································· 67
제5장 평안5단 ···································· 81
제6장 철기(鉄騎)초단 ······························ 97
제7장 철기2단 ··································· 113
제8장 철기3단 ··································· 127

나카야마(中山) 공수의 진수

오늘날의 공수(空手)는 전세계에 보급되어 많은 동호인들이 수련에 정진하고 있다. 그것은 공수가 무도(武道)로서 뿐만 아니라, 과학적으로 뒷받침된 근대 공수도로서 확립했기 때문이라 할 수 있을 것이다. 나의 사부 나카야마(中山正敏) 선생은 그 근대 공수의 제일인자였다.

선생은 누구나 익힐 수 있는 체육적인 공수, 호신술로서의 공수, 경기(競技)로서의 공수 등 수련하는 사람의 층에 따라 여유 있게 지도할 수 있도록 힘써 왔으며, 우리들은 그런 교육을 받았다. 연습법만 해도 합리적인 방법을 추구해 왔다. 또한 어떤 수련에도 생리학적·운동역학적인 합리성이 중요하다고 해서 공수를 과학적으로 분석한 것이다. 그것이 공수인구를 증가시키는 데 있어서 큰 도움이 되었다고 여겨진다.

공수시합의 룰을 완성한 것도 큰 공적이다. 대련의 시합에 관해서는 포인트 위주의 승부를 마다하고, 일권필살(一拳必殺)이야말로 공수의 진수임을 강조했다. 즉 단보승부의 룰을 만들었다. 그것이 현재의 시합제도가 되고 있는 것이다. 또 체조경기나 뛰어들기경기 등의 채점법도 깊이 연구하고, 거기에서 힌트를 얻어 힘의 강약(强弱), 몸의 완급, 몸의 신축을 기본으로 삼은 형(形)의 시합을 이뤄 놓은 것이다.

선생은 30년 전부터 우수한 지도자를 양성하여 외국에 파견하는 일에도 열심이었다. 처음에는 사막에 물을 뿌리는 것 같은 형편이었지만, 그것이 오늘에 꽃을 피우고 있다. 선생이 배출시킨 지도자들의 노고에 의한 것이다. 선생 자신이 1년에 3개월 내지 반년은 외국에 가서 공수의 보급에 힘써 왔다. 선생은 특히 외국에 가기만 하면 생기가 돌았다. 그것은 참으로 이상할 정도였다. 병이 나서 선생의 몸을 걱정해 "적당히 하세요"하고 만류하면 "나의 즐거움을 빼앗을 셈인가"고 도리어 책망하기 일쑤였다. 결국 그 같은 노력의 결집이 곧 공수하면 'NAKAYAMA KARATE'라고 할 만큼 불멸의 지위를 쌓아 올린 것이다. 따라서 선생의 저서는 세계 공수가들의 '바이블'로서 절대적 평가를 얻고 있다 해도 과언이 아니다.

공수가 세계에 보급되고서는 공수의 아카데미적인 조직 구성을 착수하기 시작했다. 나라의 안팎을 막론하고, 어떤 조직이건 대립하는 것이 아니다. 기술을 중심으로 제휴해 가자, 기술의 교류를 통해 공수도를 높여 가자는 것이 선생의 이상이었다. 한데, 그것을 완수하기 전에 돌연 세상을 뜨셨다. 나는 다쿠쇼쿠(拓植) 대학 때부터 선생에게서 직접 지도를 받았던 못난 제자이기는 하지만, 선생의 가르침을 계승해야 한다는 생각을 하고 있다.

선생이 가장 중요시했던 것은 이른바 '끝내기'와 '기본'이었다. 끝내기라는 것은 자기가 갖고 있는 힘과 속도를 어떻게 순간적으로 집중시키느냐는 것이다. 그리고 기본을 확실하게 익혀 놓으면 몇 살이 되어도 할 수 있는 것이라고 하며, 기본을 중요시 여겼다. 공수는 재능이나 젊음에 의해 어느 한 시기만 강하다고 하는 것이 아니라 평생을 두고 할 수 있는 것이다. 그래서, 선생은 '끝내기'를 어떻게 완성하는가 하는 것과 '평생공수(平生空手)'라는 것을 큰 목표로 삼고 있었다.

그런 '나카야마 공수'를 전하는 의미에서 이번에 선생의 「베스트 공수」시리즈(全11卷)가 출판되는 것은 참으로 기쁘기 그지없는 일이다. 이 「베스트 공수」는 이미 해외용으로서 세계 7개 국어판으로 출판된 것의 일본어판인데, 풍부한 연속 사진에 의해 공수의 실기를 알기 쉽게 해설하고 있다. '나카야마 공수'의 진수를 아는 데 이 이상의 책은 없다고 믿어 의심치 않는다.

社團法人 日本空手協會 專務理事
庄司 寬

책 머리에

공수도(空手道)는 지난 십 수년 사이 전세계에 급속히 보급되고 있으며, 젊은 학생들은 말할 것 없고, 다수의 대학교수·예술가·실업가·공무원 등 각계 각층의 지도층에까지 매우 광범위하게 확대되고 있다. 구미(歐美)의 대학 등에서 정규 체육과목으로 채택하는 데가 증가하고, 군대나 경찰에도 보급되고 있는 것이 현실이다. 그저 단순한 격투기술로만 습득하는 것이 아니라, 높은 이념에 입각한 동양적인 무도로 추구함으로써 정신의 양식을 삼으려는 노력은 여간 기쁜 일이 아니다.

그러나 한편 이것이 공수인가 하고 고개를 갸웃거리게 하는 치고 막기나, 차고 막기의 폭력공수, 또는 머리와 손과 발로 물건을 빠개는 공수 쇼라는 것도 나타나고, 복싱에 차기를 가미한 것만으로, 이것이 공수의 시합으로서 판을 치고 있는 일면은 참으로 어처구니없는 일이다. 또 중국의 권법이나 오키나와(沖繩)의 고무술도 일본적으로 완성된 공수도와 동일시하는 경향이 있는 것도 유감스러운 일이다. 공수도에는 오랜 세월 동안에 완성된 격조 높은 여러 가지의 형(形)이 있고, 그 형 자체에 포함되는 공방의 기본기를 유효하게 활용하기 위한 정신적인 요소가 중요하다.

공수는 몸에 전혀 무기를 지니지 않고 일권일축(一拳一蹴), 순간에 적을 쓰러뜨리는 오키나와의 고무술에서 발전한 것이다. 기술보다도 심술(心術)에 무게를 두고, 평소는 예양(礼讓) 속에 체력을 단련하며, 정의를 위해 전력을 다해 싸우는 것이 진정한 공수도이다. 후나고시(船越) 선생이 가르친 대로, 안으로 부앙천지(俯仰天地)에 부끄럽지 않은 마음을 닦고, 밖으로는 맹수도 습복(慴伏)시키는 위력이 있어야 한다. 마음도 기량면(技兩面)을 겸해야 완전한 공수도라고 할 수 있다.

체육의 호신(護身)으로서 육성되고 발전했던 공수도는 체조 시합적(試合的) 스포츠 공수로서의 새 분야로 개발, 활성화되고 있다. 그러나, 다만 시합에 이기는 것에 급급한 나머지 기본기를 충분히 구사하지

못하거나, 순서에 따른 연습도 하지 않고 함부로 자유대련 또는 대결에만 치우치기 때문에 공수 특유의 날카롭고 시원스러운 강한 위력감의 지르기나 차기 등이 모자라고, 따라서 기본기 자체도 자칫 시합을 위한 요령 본위의 연습이 되기 십상이다. 선수가 되고 싶다, 선수를 빨리 키우고 싶다는 열의는 이해할 만하나, 이는 선수나 지도자 다 같이 크게 반성할 점이라 여겨진다. "바쁘면 돌아가라"는 속담처럼 한걸음씩 착실하게 올바른 기본기의 습득에 힘써야 할 것이다.

시간적으로 얼마간 빨리 자유대련에 익숙해지고 시합요령을 어느 정도 파악했어도, 어떻든 묵묵히 착실하게 연습한 사람을 능가하기는 어렵다. 최근 시합에 이긴다는 것에 집착한 나머지 기본기의 진지한 단련에서 얻어지는 기백과 위력이 똑같이 떨어지고, 또 함부로 용맹스러움을 과시해, 공수도인으로서의 가장 소중한 예절마저도 잃어가고 있는 사람들을 간혹 볼 때마다 한편 서글픈 감정에 빠지곤 한다.

이런 생각에서 나의 45년 간에 걸친 공수도 수행의 경험을 충분히 살리고, 기본기를 분석하고, 체계화하고, 또한 사진을 위주로 복잡한 몸놀림을 쉽게 이해할 수 있을 만한 근대적인 텍스트를 동호인들에게 선물할 것을 생각해 왔다. 그 염원을 이룬 것이 「공수도 신교정(空手道新敎程)」이다. 그런데 그것을 이번에 많은 동호인들의 요망에 부응하여 공수도의 전반이 보다 구체적으로, 보다 쉽게 익힐 수 있도록 다시 원고를 썼다. 동호인 여러분들의 욕구에 충족될 수 있기를 기대해 마지않는다.

著者 中山正敏

■ 공수도란?

- 승패를 궁극의 목적으로 삼는 무술이 아니라, 유형무형의 시련을 이겨내고 연마한 땀 속에서 인격완성을 꾀하려는 것이다.
- 도수공권(徒手空拳), 손과 다리를 조직적으로 단련하여 마치 무기와 같은 위력을 발휘시켜, 그 일돌일축(一突一蹴), 능히 불시의 적을 제압하는 호신술이다.
- 사지오체(四肢五体)를 전후·좌우·상하로 균등하게 움직이고, 또한 굽혀펴기·도약·평형 등의 모든 동작을 숙달하는 신체활동이다.
- 의지력에 의해 잘 제어된 기술을 사용하고, 정확하게 목표를 포착하여 순식간에 최대의 충격력을 폭발시켜서 기술을 서로 겨루는 격투기이다.(목표를 인체 급소의 바로 앞에 가정한다.)

■ 공수도 기술의 본질

공수도 기술의 본질은 기술을 끝내기하는 것이다. 적절한 기술을 목표로 삼는 부위로, 최단시간에 최대한의 충격력으로 폭발시키는 것이며, 이것을 끝내기라고 한다. 옛날에는 무시무시한 표현으로 일권필살(一拳必殺)이라는 말로 쓰였다. 진지하게 볏짚 묶음을 상대로, 단련에 이은 단련의 매일이었다. 끝내기는 지르기·치기·차기는 말할 것 없고, 막기에도 빼놓을 수 없는 요소이다. 끝내기가 없는 기술은 아무리 움직임이 공수와 비슷해도 절대로 공수라고는 할 수 없다. 공수의 시합에서도 예외가 아니다.

바로 앞 그치기(寸前中止)라는 말이 있다. 목표 바로 앞에서 기술을 그친다는 뜻이다. 겨루기의 시합에서는 대전(対戦) 상대에게 맞히는 것은 위험 방지를 위해 반칙으로 삼고 있다. 하지만 여기에 문제가 있다. 그친다는 것과 끝내기한다는 것은 매우 달라서, 하늘과 땅만큼의 차이가 있다. 목표 직전에서 단지 기술의 움직임을 그치면 되는 것이라면 공수의 본질에서 벗어난다. 목표 바로 앞에서 그친다는 생각이 아니라, 목표를 육체의 급소 바로 앞에 설정하고, 거기에 컨트롤 좋게 최대의 충격력을 폭발시켜서 포인트를 얻어 승패를 겨루는 것이다.

그러기 위해서는 평소의 진지한 수련과 단련이 중요해, 신체의 전부를 무기화하고, 각각의 무기를 뜻대로 움직일 수 있게 하는 자기제어가 필요하며, 남에게 이기기 전에 자기를 이기는 것이 중요하다.

공수도에 있어서의 형(形)

어느 형이나 모두 받는 쪽에서 시작하고 있다. 이것은 "공수에는 선수(先手)가 없다"는 정신을 단적으로 표현하는 것이다. 이 훈계는 공수도를 한마디로 다 말했다고 단언할 수 있다. 예부터 공수는 군자의 무술로 일컬어, 적의 공격을 받고서야 비로소 만부득이하게 맹훈련한 손과 다리를 갖고 대응하는 것으로, 늘 겸손한 마음과 온화한 태도로 사람을 접해야 한다는 가르침이다. 마음과 기술, 안팎을 겸비해야만 참다운 공수도라고 할 수 있다.

형이란?

형은 막기·지르기·차기의 기본기를 합리적으로 조직 구성한 것이며, 사방팔방에 적을 가상하고, 정해진 연무선(演武線)을 전진 후퇴하거나 전신(転身)하면서 연무하는 것이다. 일거수일투족, 모두가 공방무기(武技)의 음수이고, 무의미한 동작은 하나도 없다. 예부터 공수의 수련은 형을 중심으로 삼아 행하여지고, 그 각각의 형은 옛 명인들이 오랜 동안의 수련과 귀중한 체험에 의해 짜내고 심혈을 기울여 완성한 것이다.

현재 전해지고 있는 종류는 무릇 50여 종이나 되는데, 아주 오랜 전통을 갖고 있는 것, 비교적 새로운 시대에 완성된 것, 또는 중세에서 근세에 걸쳐 중국에서 전해진 것으로 간주되는 것도 있다. 간단한 것, 복잡한 것, 긴 것, 짧은 것 등 여러 가지가 있으며, 모두 제각기의 특징을 갖고 있으나, 크게 두 가지로 나눌 수 있다. 하나는 소박중후(素朴重厚)하고 웅대한 느낌이 드는 것으로, 체력을 단련하고 근골을 단련하는 데에 적합한 것, 또 하나는 준민비연(俊敏飛燕)과 같은 느낌이 드는 것으로, 경첩기민(軽捷機敏)한 빠른 기술을 습득하는 데에 적합

한 것이다.

  형에 숙달함으로써 저절로 일신의 위급에 임해서 응변(応変)할 수 있는 호신(護身)의 기술을 터득하게 된다. 게다가 형 자체가 완전한 전신운동이며, 굽혀펴기・도약・평균운동 등의 온갖 요소를 포함하고 있기 때문에 체육상 이상적인 운동으로 일컬어지고 있다. 형은 자신의 체력에 따라 진지하게 배울 수 있고, 단시간이건 장시간이건, 단독이건 집단이건간에 연습할 수 있는 특색을 갖고 있으므로, 노소남녀를 막론하고 또 어떤 환경에 있어도 이 길에 정진할 수 있다.

형을 잘 연무하기 위한 마음의 준비

■ 예(礼)와 태도

  예로 시작해서 예로 끝난다. 형을 연무하는 전후에는 반드시 한번 가볍게 인사를 한다. 양측 발뒤꿈치를 합친 모아서기로, 두 손바닥은 가볍게 대퇴에 접하도록 하고, 자연스럽게 바른 자세로 몸을 약간 앞으로 굽혀서 예를 한다. 눈은 정면을 주시하고, 형식만의 것이 아니라 자세를 올바르게 예양・예절을 아는 마음에서의 예가 아니면 안 된다. 스승 후나고시 선생은 공수도를 수련하는 사람은 첫번째로 예의를 중요시해야 한다, 예의를 잃은 공수는 이미 공수도의 정신을 잃고 있다, 예의는 단지 수련 때만 아니라 행주좌와(行住坐臥) 어떤 경우에도 중요시해야 한다는 말을 하고 있다. 또 어떤 장소에서 연무하더라도 겸양하는 마음과 온화한 태도와 두려워하는 일 없이 당당한 태도여야 한다. 괜히 비굴해지거나 뽐내보기도 하는 것은 당치 않은 일이다. 단단하면서도 부드럽고, 부드러우면서도 단단한 유즉화(柔即和), 강즉화(剛即和), 이를테면 유강은 언제나 화로 귀일한다. 예의・예양・예절은 공수도 수련의 제일의(第一義)이다.

■ 겨누기와 마음의 자세 (준비와 바로잡기)

  연무선의 중앙 한복판에서 예를 하면, 조용히 좌족부터 먼저, 다음에 우족을 좌우로 벌리고(중앙 좌측 끝에서 예를 하면 좌족은 그대로, 우족을 우측으로 벌리고) 팔자서기 자연체가 되고, 준비자세를 취하여 겨눈다. 또 발 모아서기로 겨눌 경우에는 그대로 발끝을 합친다. 겨눔이 있어도 겨눔이 없다고 말하는 것처럼 의식과잉(意識過剰), 딱딱하게 힘을 준 겨누기는 순간적으로 적절한 동작을 할 수 없다.

어깨·무릎관절의 힘은 빼고, 곧바로 어떤 변화에도 대응할 수 있도록 신속히 움직일 수 있는 릴랙스한 대련이 필요하다. 다만 아랫배는 죄고, 이른바 단전에 힘을 주고 조용히 호흡을 가다듬어 마음을 진정시켜 기력·체력의 충실을 꾀하는 것이 극히 중요하다. 이와 같이 형의 마지막 거동을 끝내도 바로 힘을 빼어 진정하지 못하는 것은 절대 삼가야 한다. 잠시의 방심도 없이 언제든지 돌발적인 변화에 응할 수 있도록 기력을 충실케 하고, 조용히 처음의 준비자세로 되돌아가는 것이 중요하다. 매사는 모두 끝이 중요하다. 도중이 아무리 훌륭해도 마지막 결말이 흐트러지게 되면 아무 소용이 없다. 예부터 일본무도에서는 적의 반격에 대비하는 마음의 준비가 중요시되고 있다. 공수도 수행자는 실기수련에서는 말할 것 없고, 일상생활에 있어서도 다음에 대비하는 마음의 준비가 반드시 필요함을 명기(銘記)해야 한다.

형을 연무하자면

■ 순서는 올바르게 틀리지 않도록 한다

형에 따라 20거동 40거동이라는 식으로 동작의 수가 정해져 있다. 그 거동을 순번으로 연무하는 것이다. 순번이 틀리는 것은 의미가 없다.

■ 연무선을 정확히 진퇴하도록 한다

형을 연무하기 위해 필요한 전후·좌우에의 진퇴 전신(転身)을 나타내는 노선을 연무선이라고 하고, 연무개시의 위치에서 출발해 정해진 노선을 이동하여 종료 위치에 도착하는데, 개시·종착 위치는 반드시 동일점이 되고 있다. 미숙해서 발의 위치가 틀리거나 보폭이 정확하지 않으면 동일점에 되돌아오지 못한다. 정성들여 연습할 필요가 있다.

■ 각 거동·동작의 의미를 명확히 이해하고 표현하도록 한다

형 안에 있는 일거수일투족은 모두 공방의 동작이다. 하나의 형에는

많은 공방기술이 담겨져 있으므로, 각각에 대하여 제대로 하려고 하는 의미를 명확히 이해하고, 형대로 표현하지 않아서는 효과가 나지 않는다.

■ 목표를 올바르게 파악하도록 한다

어디에서 어떻게 공격을 당하고 있는 것인지, 어디를 목표로 반격하는 것인지, 그 목표를 올바르게 파악하는 것이 극히 중요하다. 따라서 언제나 목표에서 눈을 떼면 안 되고, 다음 목표에 정확히 눈을 돌리는 것이 필요하다.

■ 형의 특징을 살려 연무하도록 한다

형 안의 각 거동의 의미를 부분적으로 명확히 이해하는 것과 같이, 그 형 전반의 특징을 살려 연무해야 한다.

각각의 형의 특징을 파악하고, 어떤 형은 웅대하게, 어떤 것은 경묘(輕妙)하게 한다.

■ 형에는 시작에서 끝까지 피를 통하도록 한다

개시에서 종료까지 한 거동 한 동작은 서로가 관련되어 있다. 각 공방의 동작이 외따로 독립해 있는 것이 아니므로, 각 기술의 종료는 제각기 다음 기술에 이어지고 있는 것이다. 한번 형을 연무하기 시작하면 마지막까지 하나의 흐름을 만들고, 피를 통하게 해야 한다.

■ 형에 리듬을 주는 세 가지 요체(要諦)를 잊지 않도록 한다

뛰어난 무도, 스포츠 실기는 매우 리드미컬하고 아름답다. 리듬이 없으면 미(美)는 생겨나지 않고, 단순한 리듬이면 상대에게 이용당하고 만다. 형의 미와 힘, 리듬은 '힘의 강약' '기술의 완급' '몸의 신축'에서 생겨난다. 이 세 가지 요체는 형을 연무하는 데에 절대 필요한 것이다.

함부로 너무 힘을 주거나, 무턱대고 빨리 연무해도 절대로 참다운 강함, 능란함은 생겨나지 않는다. 힘을 주어야 할 곳에 힘을 주고, 빼야 할 곳은 빼는 요령을 터득해야 한다. 빨리 해야 하는 곳을 느리게 연무하는 것은 리듬을 흐트리고 만다.

형의 수칙(守則)

① 효과를 서둘러 너무 성급하면 안 된다.
② 열중하기 쉽고, 차가워지기 쉬운 것은 금물이다.
③ 노력의 축적이 필요하다.
④ 싫증내지 말고, 일정시간 연습을 계속하는 것이 중요하다.
⑤ 잘하고 잘못하는 것이 있어도, 잘못하는 형을 버리고 돌아보지 않는 것은 좋지 않다. 잘못하기 때문에 더욱 연습을 거듭해야 한다.
⑥ 형과 대련의 상호관계를 고려하면서 연습한다.

평안(平安)・철기(鉄騎)의 형

 평안과 철기는 다 같이 기초적인 형이다. 우리는 평안의 형을 연무하면서 공수에 빼놓을 수 없는 기초이론과 기술을 습득하는 것이다. 철기는 오히려 공수의 기술에 위력을 주기 위해 그 원동력인 허리, 서기자세의 힘찬 단련을 위한 것이다.

평안(平安)초단

예(札)에서의 자세

연무선의 중앙에서 한번 가볍게 인사를 하고 나서, 조용하게 좌족에서부터 먼저 벌려 팔자서기자세 자연체가 되고, 준비자세를 취하여 겨눈다.

2 우 중단(바로)지르기
우 전굴자세

좌측 다리를 기축(起軸)으로 삼아 강하게 버티고, 허리를 앞쪽으로 밀어내어 우족을 한 발 문질러낸다. 손발을 동시에 끝내기하도록.

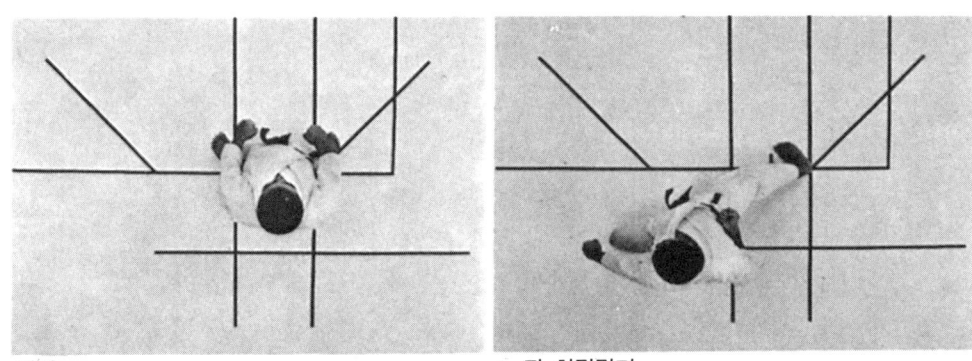

자세   1. 좌 하단막기

1 좌 하단막기
좌 전굴자세 / 좌권은 좌측 무릎 위 약 15cm

좌권은 어깨 위에서, 우권은 좌측 허리 앞에서 움직이기 시작한다. 좌우 양팔을 좌측 옆구리에서 교차시키면서, 우권은 강하게 힘껏 당기면서 좌권은 하단을 막는다.

3 우 하단막기
우 전굴자세

좌측 다리를 축으로 삼아 허리를 우측으로 회전시키고, 우족을 크게 뒤쪽으로 보내면서 허리의 회전을 활용하는 것이 중요하다.

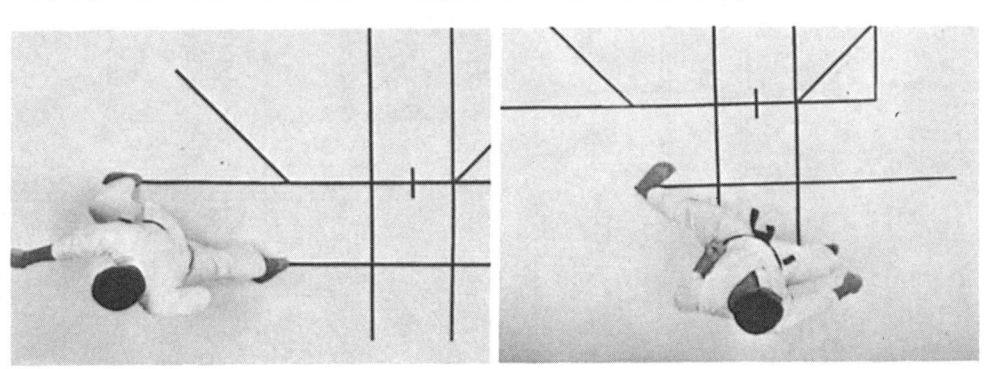

2. 우 중단(바로)지르기　　　3. 우 하단막기

4. 우 권추 세로 돌려치기
우 전굴자세 / 우권등 우측 향하기

우족을 반 걸음 끌어당기고, 동시에 우권을 세게 당겨, 팔꿈치의 힘을 빼고, 어깨를 중심으로 우측 손목을 비틀며 밑에서 크게 돌린다.

5. 좌 중단(바로)지르기
좌 전굴자세

좌족을 한 발 앞으로 전진 문질러내면서, 우족을 버티고 좌측 중단(바로)지르기.

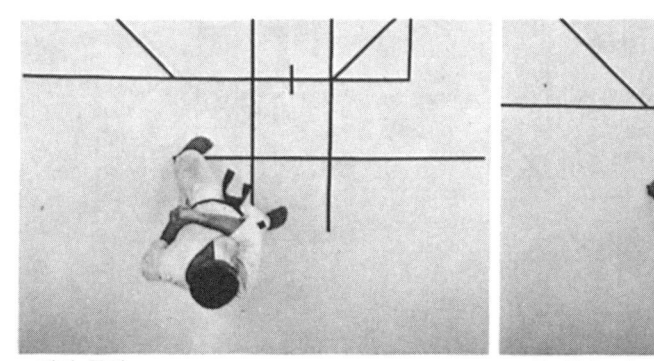

4 에의 동작

4. 우 권추 세로 돌려치기

또다시 우족의 처음 위치로.

6 좌 하단막기
좌 전굴자세

우측 다리를 축으로 삼아 허리를 좌전하고, 좌족을 좌측으로 전진 문질러낸다.

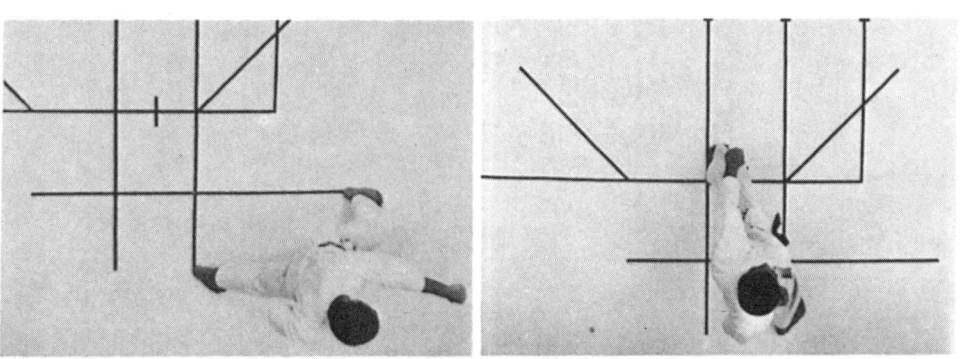

5. 좌 중단(바로)지르기　　6. 좌 하단막기

우 상단막기
우 전굴자세 / 우권등 뒤쪽 향하기

좌측 손바닥(등 좌측 향하기)과 오른팔을 턱 앞에서 십자로 교차시켜, 상하로 힘껏 당기면서 우 상단막기. 우족은 한 발 앞으로 전진 문질러낸다.

8 좌 상단막기
좌 전굴자세

우권은 일단 벌리고, 좌우 턱 앞에서 십자로 교차시켜, 상하로 힘껏 당기면서 좌 상단막기. 좌족은 한 발 앞으로 전진 문질러낸다.

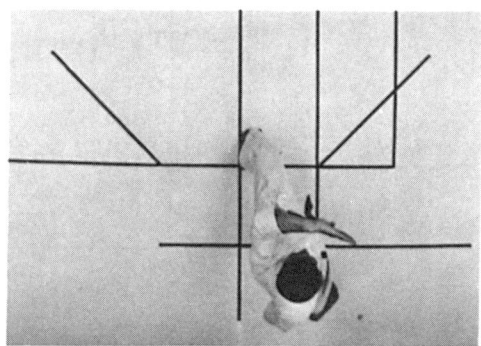 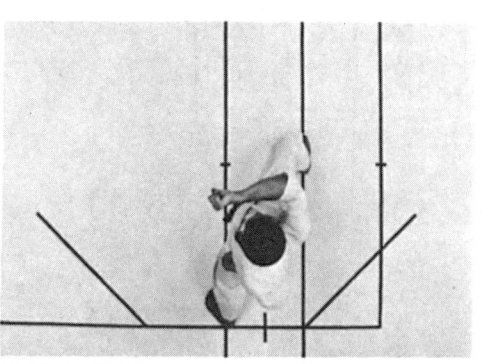

7에의 연속동작　　　　　　　　　　　　7. 우 상단막기

일단 하단후리기의 좌권을 벌려 손바닥이 되게 하고, 앞팔이 이마 앞쪽 비스듬히 오도록 올린다.

 우 상단막기
우 전굴자세

상단막기한 주먹은 일단 벌리고 손등을 밖으로 젖혀, 좌우의 손목이 십자를 그리도록 서로 상하로 힘껏 당기면서 우 상단막기.

8. 좌 상단막기   9. 우 상단막기

10 좌 하단막기
좌 전굴자세

우측 다리를 회전축으로 삼고, 허리를 좌전, 좌족을 우측으로. 좌권은 일단
우측 어깨 위로 올리고, 좌우 양권을 힘껏 당기면서.

12 우 하단막기
우 전굴자세

좌측 다리를 회전축으로 삼고, 허리를 우전, 좌족을 크게 뒤쪽으로.

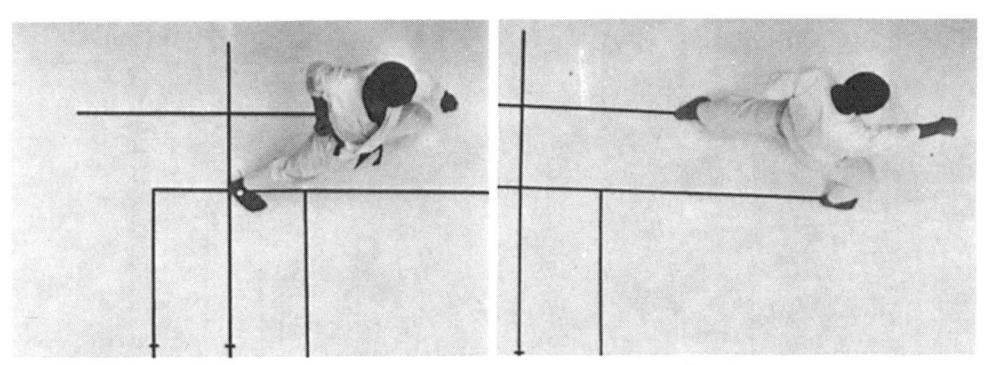

10. 좌 하단막기   11. 우 중단(바로)지르기

| 11 | 우 중단(바로)지르기
우 전굴자세

우족을 한 발 앞으로 전진 문질러내고, 좌측 다리를 버틴다.

| 13 | 좌 중단(바로)지르기
좌 전굴자세

좌족을 한 발 앞으로 전진 문질러내고, 우측 다리를 버틴다.

12. 우 하단막기   13. 좌 중단(바로)지르기

14 좌 하단막기
좌 전굴자세

우측 다리를 회전축으로 삼고, 허리를 좌전, 좌족을 좌측으로.

16 좌 중단(바로)지르기
좌 전굴자세

좌족을 한 발 앞으로 전진 문질러낸다.

14. 좌 하단막기   15. 우 중단(바로)지르기

| 15 | 우 중단(바로)지르기
우 전굴자세

우족을 한 발 앞으로 전진 문질러낸다.

| 17 | 우 중단(바로)지르기
우 전굴자세

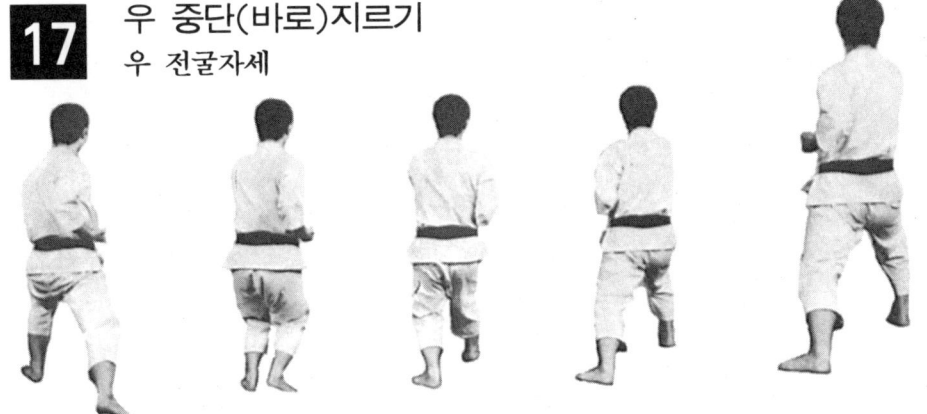

우족을 한 발 앞으로 전진 문질러낸다.

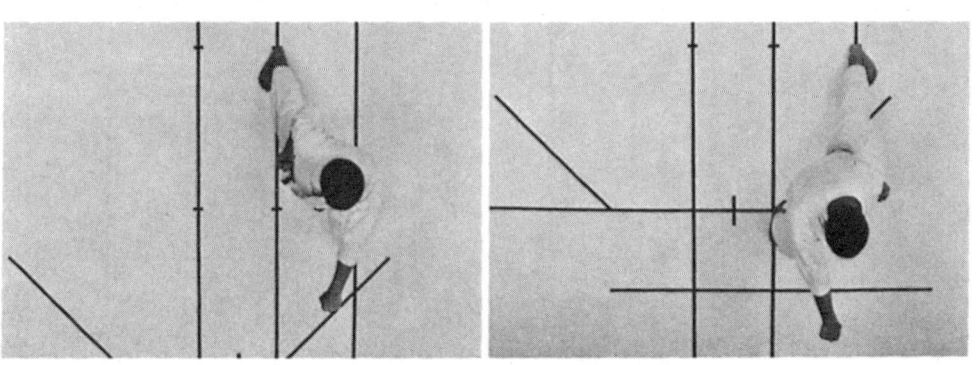

16. 좌 중단(바로)지르기　　17. 우 중단(바로)지르기

18 좌 수도막기
우 후굴자세

우측 다리는 무릎을 굽힌 채 회전축으로 삼고, 허리를 좌전, 좌족을 좌측으로.

20 우 수도막기
좌 후굴자세

좌측 다리를 축으로 삼고, 좌측 무릎을 굽힌 채 우전한다.

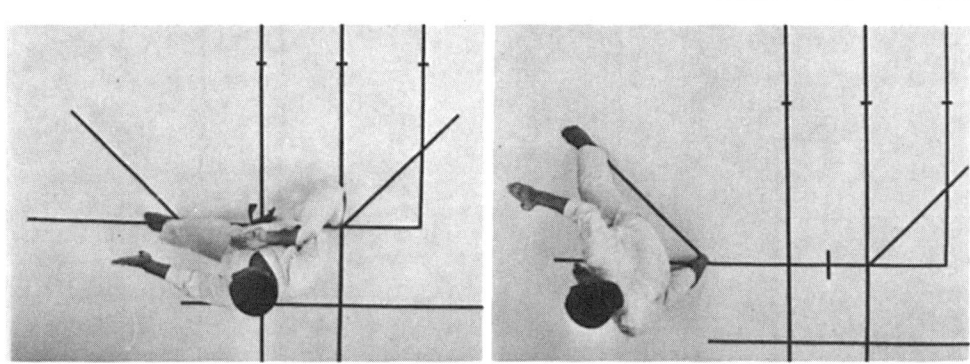

18. 좌 수도막기   19. 우 수도막기

19 우 수도막기
좌 후굴자세

좌측 무릎은 굽히면서, 차츰 체중을 좌측 다리로
옮기고, 비스듬히 우전한다.

21 좌 수도막기
우 후굴자세

바로

좌족을 한 발 앞으로 전진
문질러낸다. 이 때 우측 무릎은 굽힌 채, 차츰 체중을 우측
다리로 옮기고, 비스듬히 좌전한다.

자연체로 되돌아간다.

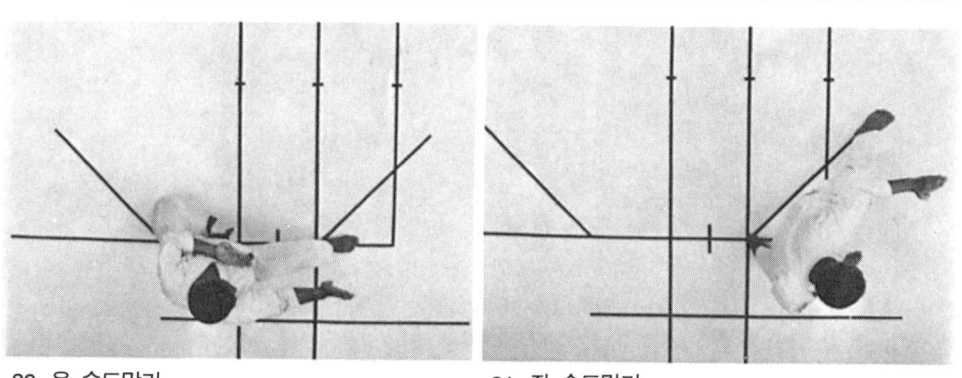

20. 우 수도막기

21. 좌 수도막기

제 1 장 평안초단   31

평안초단의 포인트

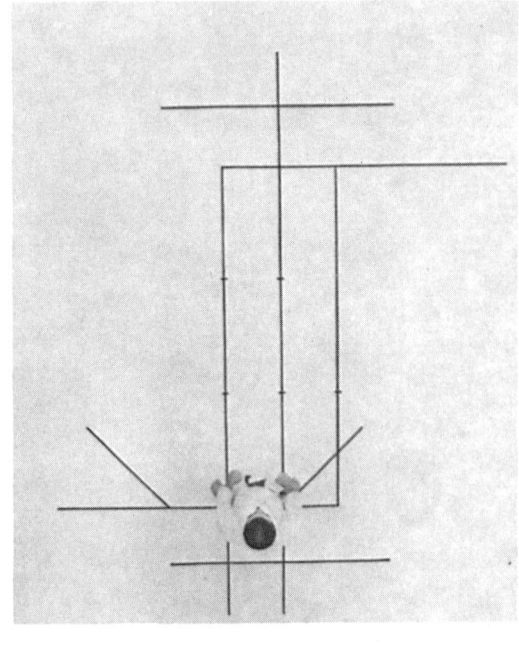

평안초단 21거동 약40초

 기초적 막기 기술인 하단치기, 상단막기, 중단수도막기와 중단(바로)지르기로 구성되어 있다. 서기는 전굴자세와 후굴자세이다. 강대한 상대에게 손목을 잡혔을 때에 대응하는 방법으로서의 특수한 기술도 포함되어 있다. 우선, 우리는 무엇보다도 형을 연무함에 있어서의 방향전환, 발다루기를 확실하게 터득할 필요가 있다.

 전후로 이동할 경우에는 그저 걷는다고 하는 것이 아니라, 축이 되는 다리로 마룻바닥을 세게 꽉 밟고 그 반동으로 허리를 밀어낸다(앞으로 나갈 때는 뒷다리가 기축, 좌측으로 나갈 때는 우측 다리가 기축이 된다). 이동하는 다리는 발바닥을 마룻바닥에서 떼지 않고, 가볍게 발바닥 앞면으로 문지르는 것 같은 기분으로 전진한다. 축이 되는 다리의 발 뒤꿈치는 절대로 띄우지 않는다(축이 되는 다리는 세게, 발다루기는 획．하니).

 좌측에의 방향전환(좌측으로 전환하고 나아간다) : 정면 향하기 자연체에서 좌측으로 기술을 거는 경우, 우측 다리를 기축으로 삼고 허리를 좌전, 좌측 다리를 좌측으로 문질러낸다.

뒤쪽으로의 전환 : 좌측 뒷다리를 기축(起軸)으로 삼고 허리를 우전한다. 이 때 발뒤꿈치를 띄우지 않도록 하고, 오히려 축이 되는 다리의 발뒤꿈치로 허리를 재빨리 끌어당기는 것 같은 느낌으로 한다.

돌아가기 방향전환 : 우측 앞다리를 기축으로 삼고 우측으로 방향전환하는 경우, 허리를 신속하게 좌전하고, 우족을 우측으로 가볍게 전진 문질러낸다.

평안초단의 포인트

전굴자세에서 방향전환을 하고 후굴자세 : 우 전굴자세의 앞다리를 기축으로 삼아 허리를 좌전하고, 돌아가서 그대로 우측으로 좌 후굴자세가 된다. 이 때 좌측 무릎은 굽힌 채, 허리 높이를 바꾸지 않고 돌아가는 것이 중요하다.

후굴자세에서 후굴자세로의 이동 : 허리의 높이를 바꾸지 않고, 체중을 앞다리에 옮겨 기축으로 삼아, 뒷발을 앞쪽 전진 또는 옆으로 전진 문질러낸다.

평안 2 단

1 왼팔등 좌측 상단옆막기 / 우측 앞팔 이마앞쪽 옆겨누기
　 우 후굴자세 / 두 주먹등 뒤쪽 향하기

자연체에서 휙 하니 세게, 왼팔꿈치는 좌측 어깨 옆, 오른팔꿈치는 우측 이마 앞, 좌우 양팔로 동일 평면에 장방향(長方形)을 만든다.

3 좌권 좌 중단지르기
　 우권 우측 허리겨누기
　　 우 후굴자세

2, 3 거동은 계속해서 빠르게. 좌권은 어깨보다 약간 낮은 듯하게.

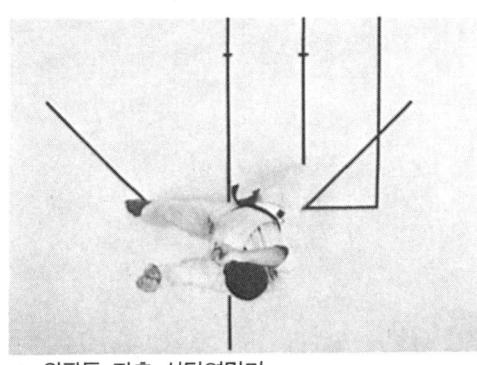

1. 왼팔등 좌측 상단옆막기
　 우측 앞팔 이마앞쪽 옆겨누기

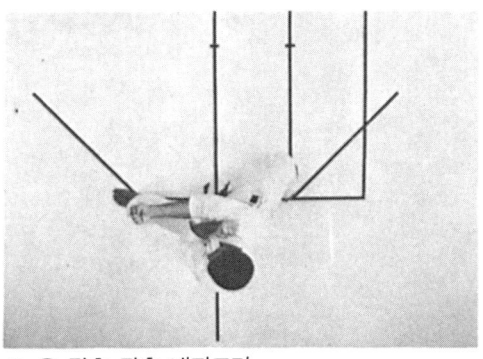

2. 우 권추 좌측 내지르기
　 왼손목 막아넘기기

2. 우 권추 좌측 내지르기
왼손목 막아넘기기
우 후굴자세 / 좌권등 아래쪽 향하기
우권등 앞쪽 아래 향하기

좌권을 우측 어깨 앞으로 당기고, 우 권추로 반원을 그리면서 좌측으로 크게 내지른다. (양측 앞팔은 팔꿈치에서 끝을 비틀면서)

4. 오른팔등 우측 상단막기
좌측 앞팔 이마앞 옆겨누기
좌 후굴자세 / 양권등 뒤쪽 향하기

허리를 우전하고, 두 발을 우전한다. 손과 발의 동작은 동시에 휙 하니 세게.

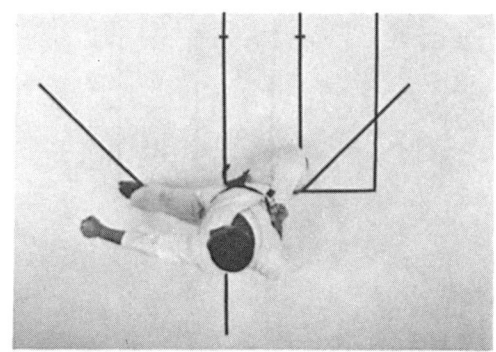

3. 좌권 좌 중단지르기
   우권 우측 허리겨누기

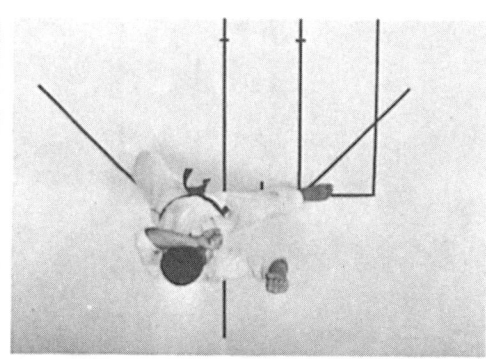

4. 오른팔등 우측 상단막기
   좌측 앞팔 이마앞 옆겨누기

5. 좌 권추 우측 내지르기 / 우측 손목 막아넘기기
좌 후굴자세

우권을 좌측 어깨 앞으로 당기고, 좌 권추로 반원을 그리면서 우측으로 크게 내지른다. (두 앞팔, 팔꿈치에서 끝을 비틀면서)

7. 우권을 좌권 위에 겹친다
a 좌측 다리서기 / 우측 발바닥을 좌측 무릎 옆에 겨눈다
(좌권등 아래쪽 향하기 / 우권등 앞쪽 향하기)

좌족을 반 걸음 끌어당겨 회전축으로 삼고 우전 뒤쪽을 뒤돌아보는 것과 동시에, 우측 발바닥을 좌측 무릎 옆으로 올린다. 허리의 우회전에 맞춰 동시에 행한다.

5. 좌 권추 우측 내지르기
   우측 손목 막아넘기기

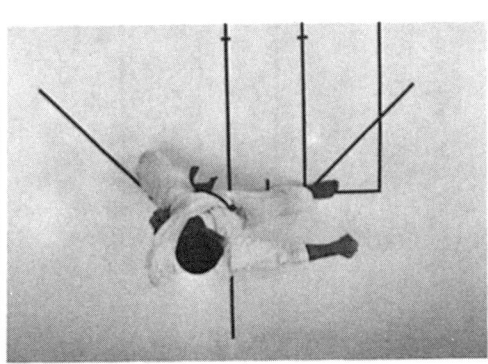

6. 우권 우측 중단지르기

6 우권 우측 중단지르기 / 좌권 좌측 허리
좌 후굴자세

거동 5, 6은 계속해서 빠르게.

7 b 우 등주먹 상단돌려치기
우측 족도 옆차기

손과 발 다 같이 스냅을 살려서, 끝내기하는 것과 동시에 당긴다. 무릎을
충분히 올리는 것이 중요하다.

7a. 우권을 좌권 위에 겹친다

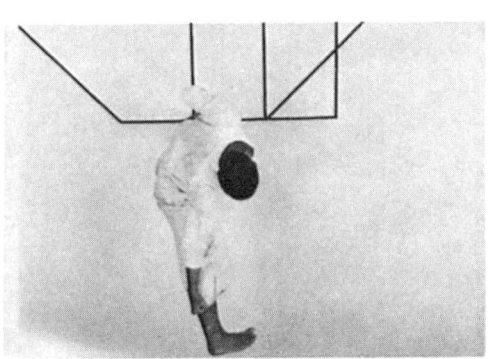

7b. 우 등주먹 상단돌려치기
    우측 족도 옆차기

좌 수도막기 / 우 수도 명치앞 겨누기
우 후굴자세

우측의 차는 발을 가볍게 접지시켜, 후굴자세가 되는 것과 동시에, 휙 하니 뒤로 돌아보면서, 좌 수도는 우측 어깨 위에서 비스듬히 쳐내린다.

 ## 좌 수도막기
우 후굴자세

 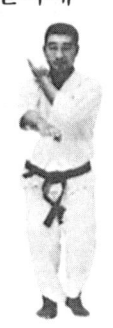   

좌족을 한 발 문질러낸다.

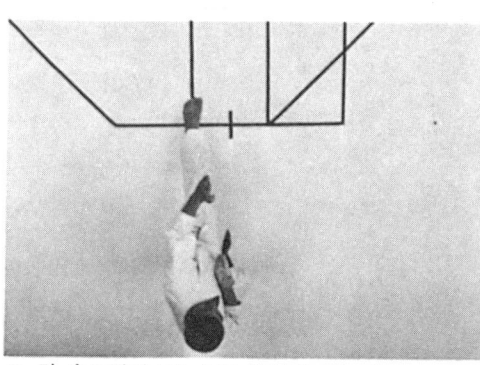

8. 좌 수도막기 / 우 수도 명치앞 겨누기

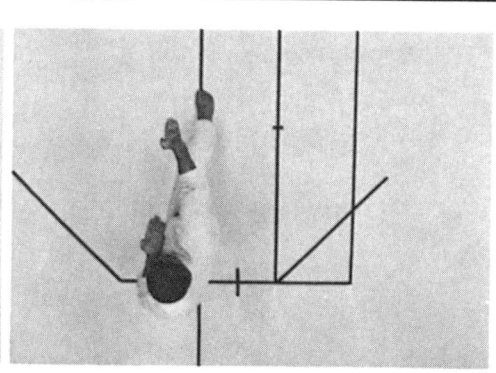

9. 우 수도막기

9 우 수도막기
좌 후굴자세

좌족에 체중을 옮기고 무릎을 굽힌다.
우족을 한 발 앞으로 전진 문질러낸다.

11 우측 네 손가락 관수 중단지르기
왼손바닥 눌러막기
우 전굴자세

좌족은 팔꿈치에서 끝을 가슴 앞으로 넘기고,
왼손바닥은 등이 오른팔 밑을 미끄러지는 것처럼
오른팔 상박부 밑까지 당긴다. 우권은 명치 앞에서 곧장 쑥 내민다.

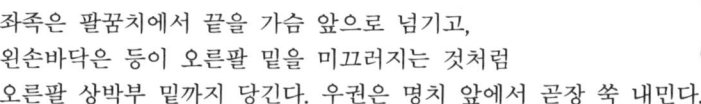

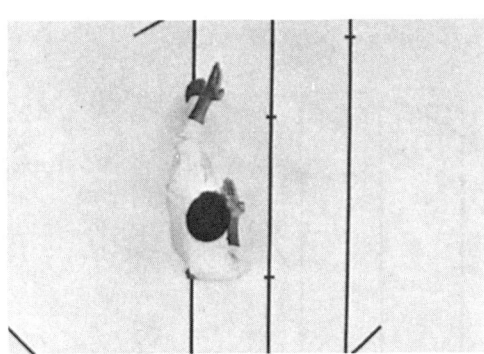

10. 좌 수도막기

11. 우측 네 손가락 관수 중단지르기
    왼손바닥 눌러막기

제 2 장 평안2단 41

12 좌 수도막기
우 후굴자세

우측 다리를 축으로 삼아 허리를 좌측으로 크게 돌리고, 좌측으로 회전한다.

14 우 수도막기
좌 후굴자세

좌측 다리를 축으로 삼고, 허리를 우측으로 회전.

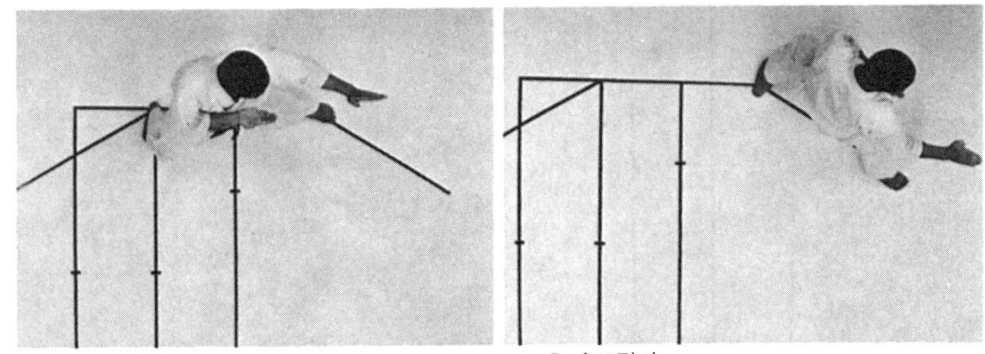

12. 좌 수도막기

13. 우 수도막기

13 우 수도막기
좌 후굴자세

좌족에 체중을 옮기면서, 우족을 비스듬히 앞으로 전진 한 발 문질러낸다.

15 좌 수도막기
우 후굴자세

우측 다리에 체중을 옮기면서, 좌족을 비스듬히 앞으로 전진 한 발 문질러낸다.

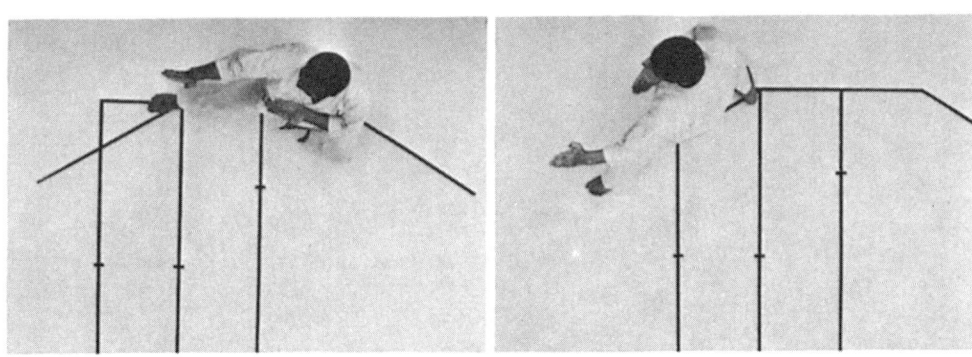

14. 우 수도막기   15. 좌 수도막기

제 2 장 평안2단

16 우 중단팔막기 / 역반신(逆半身)
좌 전굴자세 (역반신)

우측 다리를 축으로 삼고 허리를 좌전, 역반신이 된다. 좌측 손바닥을 쥐고 좌측 허리로 당기면서, 우권은 우측 비스듬히 밑에서 좌측 팔꿈치 밑을 지나고, 좌측 어깨 앞에 걸치면서 크게 반원을 그리는 것처럼 돌리고 막는다.

18 좌권 중단역지르기
우 전굴자세

우측의 차는 발을 접지시키고, 전굴자세가 되는 것과 동시에, 좌측 중단지르기가 끝내기되도록.

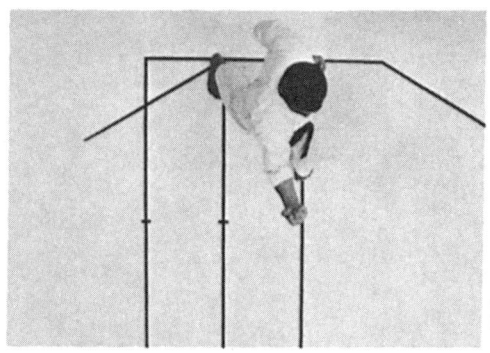 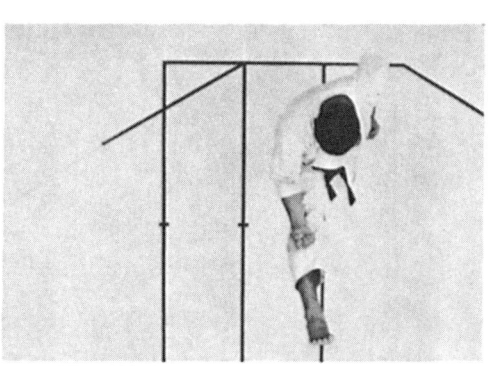

16. 우 중단팔막기   17. 우족 앞차기

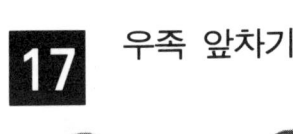 **17** 우족 앞차기

거동 16, 17, 18은 연속으로 행한다.

19 좌 중단팔막기
우 전굴자세

세게 허리를 우전, 우족은 허리의 염전(捻転)에 따라 자동적으로 반 걸음 끌어당겨진다. 좁은 전굴자세가 되고, 좌측 허리가 앞으로 나오도록 역반신이 된다. 좌권을 우측 허리 앞에서 돌리면서 막는다.

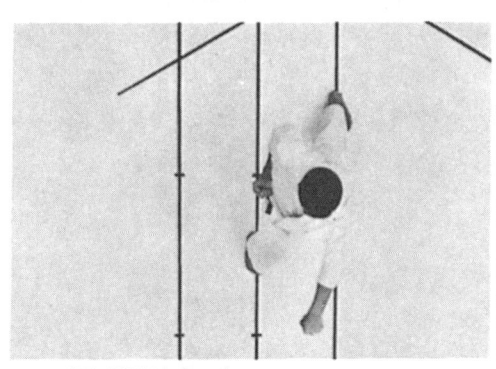 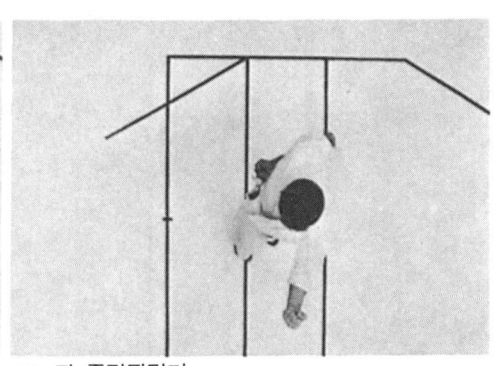

18. 좌권 중단역지르기   19. 좌 중단팔막기

제 2 장 평안2단   45

20 좌족 앞차기

거동 19, 20, 21은 연속으로 행한다.

22 우 중단양수막기(우중단 팔막기
좌권 오른팔꿈치 옆곁들이기)
우 전굴자세 / 양권등 앞쪽 아래 향하기

우족을 한 발 앞으로 전진 문질러낸다. 우권은 좌측 허리에서 돌리고, 팔꿈치에서 끝을 세우는 것처럼 좌권의 새끼손가락쪽은 오른팔꿈치 안쪽에 접한다.

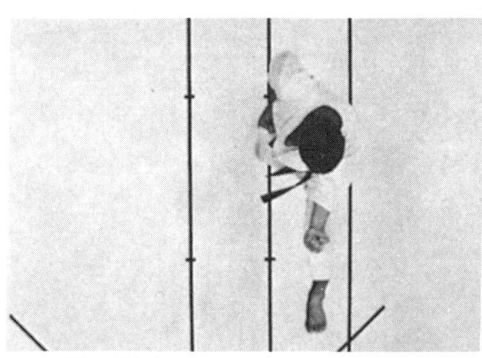

20. 좌족 앞차기   21. 우권 중단역지르기

46 평안·철기

21 우권 중단역지르기
좌 전굴자세

좌측의 차는 발이 접지하고, 전굴자세가 되는 것과 동시에, 우권의 중단지르기가 끝내기되도록.

23 좌 하단막기
우 전굴자세

우측 다리를 축으로 삼고, 허리를 좌전, 좌족을 크게 옆으로 옮긴다.

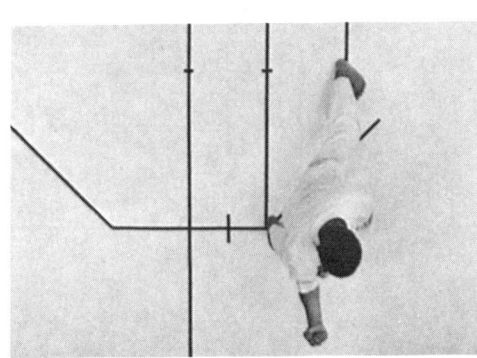 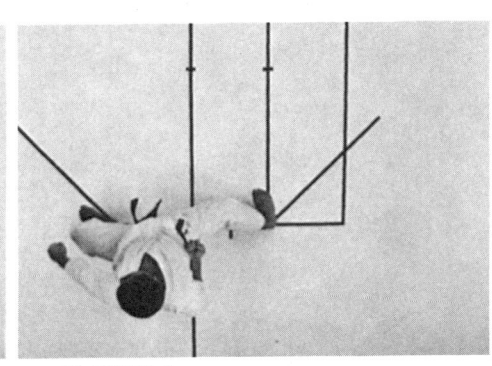

22. 우 중단양수막기   23. 좌 하단막기

24　우 상단막기
우 전굴자세

일단 좌권을 벌리고 이마 앞으로 올린 뒤, 우족을 비스듬히 앞으로 전진 한 발 문질러내면서, 좌측 손바닥은 쥐고 아래로.

26　좌 상단막기
좌 전굴자세

일단 우권을 벌리고 이마 앞으로 올린 뒤, 좌족을 비스듬히 앞으로 전진 한 발 문질러내면서, 좌우 양팔을 서로 상하로 힘껏 당기도록.

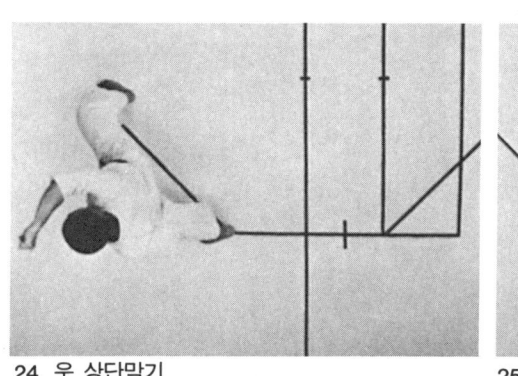

24. 우 상단막기

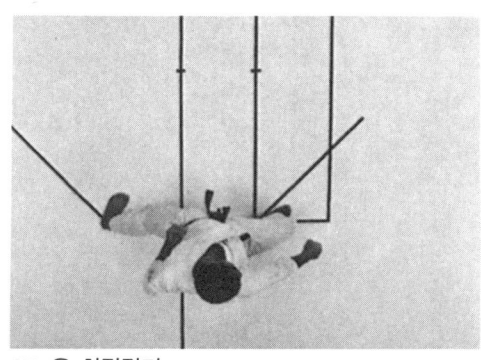

25. 우 하단막기

25 우 하단막기
우 전굴자세

좌측 다리를 축으로 삼고, 허리를 크게 좌전, 좌측으로 회전한다.

바로

좌족을 당겨 준비자세(자연체)로 되돌아간다.

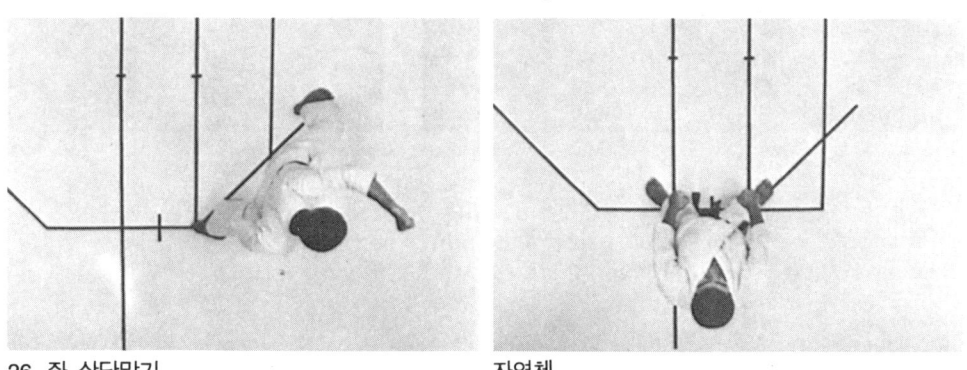

26. 좌 상단막기   자연체

평안 2 단의 포인트

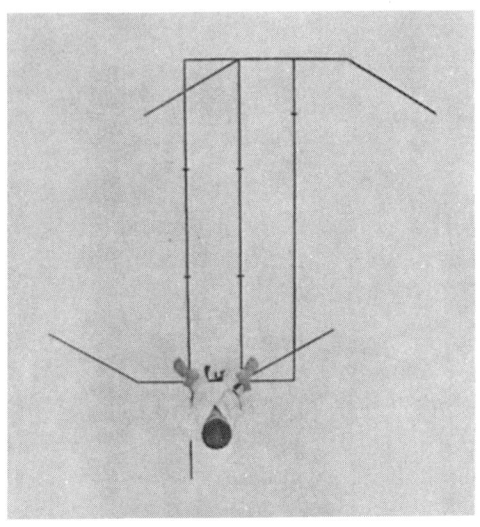

평안 2 단 26거동 약 40초

팔등 측면 상단막기, 옆차기·등주먹 동시 공격, 앞차기를 연습한다. 중요한 것은 같은 위치에서의 방향전환과 역반신을 완전히 마스터하는 것이 중요하다. 옆차기와 등주먹의 동시공격은 제7거동의 겨누기가 완전하지 않으면, 위력이 있는 좋은 옆차기와 등주먹이 나오지 않는다.

왼팔등 측면 상단옆막기 : 양팔로 장방형을 만든다. 한쪽 팔꿈치는 어깨의 높이, 또 한쪽 팔꿈치는 귀의 높이, 양팔은 동일면에 둔다. 측면에서의 옆쪽 공격을 받으므로, 왼팔은 차츰 팔꿈치에 끝을 세우도록.

같은 위치에서의 전환, 옆차기 : 뒷다리를 몸의 중심선에 끌어당겨, 머리・허리・다리로 축선(軸線)을 만들고, 허리를 염전(捻転)하여 방향을 바꾸는 것과 동시에 차는 발은 가볍게 무릎으로. 우권은 좌측 허리에 겨누고 등주먹, 옆차기를 동시에 날리는 것이 필요하다.

평안 2 단의 포인트

역반신으로 기술을 건다: 우측 다리를 기축으로 삼고 허리를 좌전, 좌족을 정면으로 옮기면서 역반신이 되는 것과 동시에, 오른팔로 중단팔막기. 좌족을 크게 내딛지 말고, 착실히 우측 허리를 앞으로 밀어내도록 하여 역반신이 되는 것이 중요하다. 앞차기한 뒤 역지르기로 끝내기하고, 이어서 안쪽막기를 할 때도 좌측 뒷다리를 기축으로, 허리를 세게 우전, 역반신으로 중단팔막기. 이 때 우족은 자동적으로 뒤쪽에 반 걸음 끌어당겨진다(의식하여 앞발을 끌어당겨, 역반신이 되어 막으면 안 된다).

평안 3 단

1 좌권 좌측 중단팔막기 / 우권 우측 허리
우 후굴자세

좌족을 반 걸음 좌측으로 벌리고, 좌권은 우측 허리 앞에서 오른팔꿈치의 바깥쪽을 돌리며 왼팔꿈치를 세우도록 하고, 좌우로 잡아당기도록.

3 좌 중단팔막기 / 우 하단막기
발 모아서기

좌권은 오른팔꿈치의 바깥쪽을 돌려 팔꿈치를 세우듯이 하고, 우권은 왼팔꿈치의 안쪽을 지나며, 팔꿈치를 비스듬히 밑으로 펴서 우측 대퇴 앞으로, 좌우 양권을 몸에서 동일 거리에.

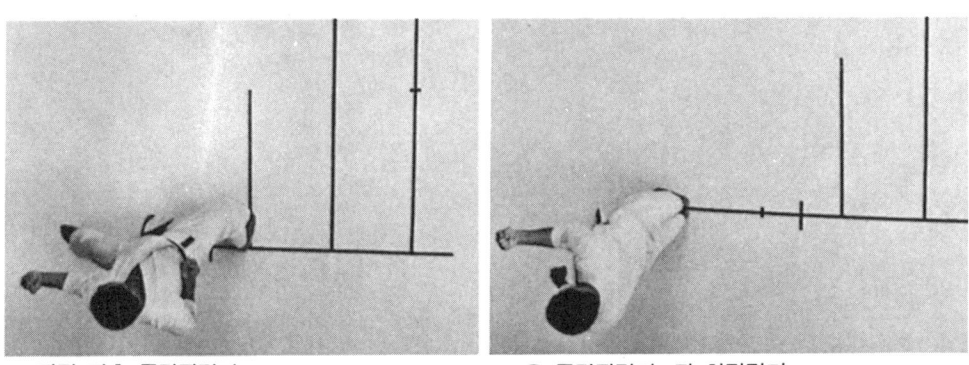

1. 좌권 좌측 중단팔막기   2. 우 중단팔막기 / 좌 하단막기

2 우 중단팔막기 / 좌 하단막기
발 모아서기

우권은 왼팔꿈치의 바깥쪽을 돌리고, 팔꿈치는 세우도록 하며, 좌권은 오른팔꿈치의 안쪽을 공략해, 팔꿈치를 비스듬히 아래로 펴고 좌측 대퇴 앞으로, 좌우 서로 잡아당기도록.

4 우 중단팔막기
좌 후굴자세

허리를 크게 회전하면서, 우족을 한 발 뒤로 당기고, 뒤를 돌아본다.

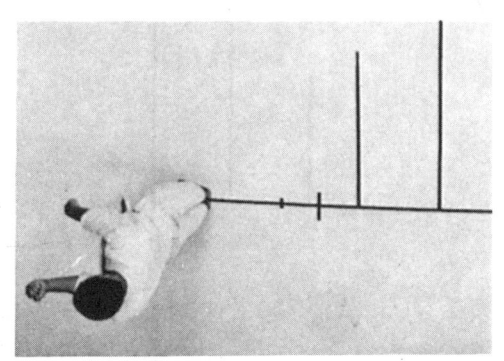

3. 좌 중단팔막기

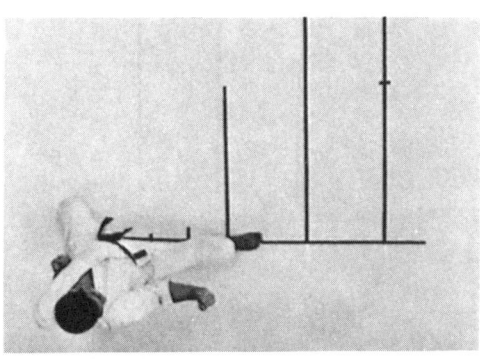

4. 우 중단팔막기

좌 중단팔막기 / 우 하단막기
발 모아서기

좌족을 우족으로 끌어당기고, 양권을 가슴 앞에서 교차시킨다.

 좌 중단양수막기(좌 중단팔막기 / 우권 왼팔꿈치 옆곁들이기)
우 후굴자세 / 양권등 앞쪽 아래 향하기

좌족을 한 발 옆으로 문질러내고, 얼굴을 좌측 옆으로 돌려, 우권 손가락 측면을 왼팔꿈치의 안쪽으로 접한다.

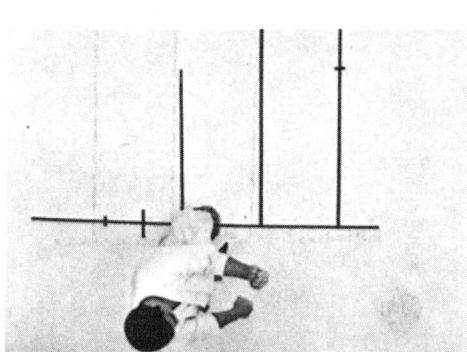

5. 좌 중단팔막기 / 우 하단막기

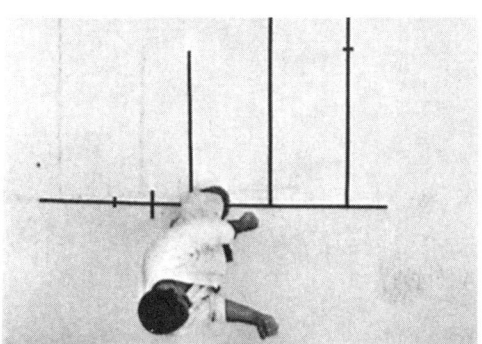

6. 우 중단팔막기 / 좌 하단막기

6 우 중단팔막기 / 좌 하단막기
발 모아서기

거동 5, 6은 연속으로 행한다.

8 우 관수 중단지르기 / 좌측 손바닥 눌러막기
우 전굴자세 / 우족을 한 발 앞으로 내딛는다

   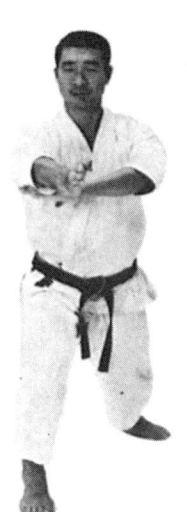

우권은 손바닥을 벌리고 좌측 손목 위에 곧바로 쑥 내민다.
좌권은 손바닥을 벌리면서 오른팔꿈치 밑으로 접한다.

 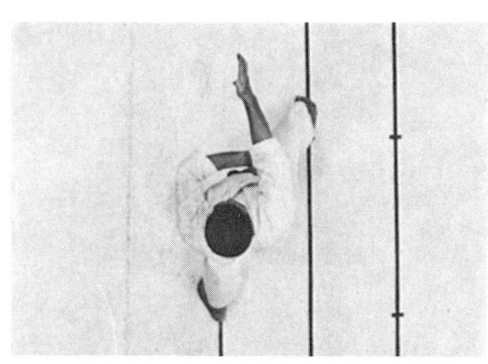

7. 좌 중단양수막기   8. 우 관수 중단지르기 / 좌측 손바닥 눌러막기

9 좌 권추 중단돌려치기
기마서기 / 좌권등 위쪽 향하기

우족을 축으로 좌전하고, 좌족을 전진 한 발 앞으로 내딛는다. 우 관수는 팔꿈치에서 끝을 좌측으로 비틀고 우측 허리로 끌어당긴다. 좌권은 팔꿈치를 펴고 옆으로 돌린다.

11 양권 양허리겨누기
발 모아서기 / 양쪽 등 앞쪽 향하기

우족을 축으로, 느리게 조용히 허리를 좌측으로 회전, 좌족을 우족으로 끌어당겨 뒤쪽 향하기. 양팔꿈치를 양쪽으로 뺀다. 얼굴·손·발 동시에.

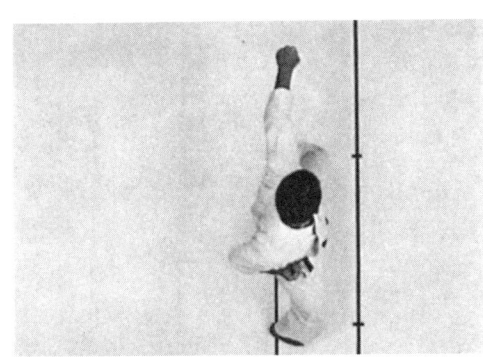 

9. 좌 권추 중단돌려치기   10. 우 중단(바로)지르기

10 우 중단(바로)지르기
우 전굴자세 / 우족을 다시 한 발 내딛는다

거동 9, 10은 연속으로 행한다.

12 우 팔꿈치치기 / 상체는 그대로
기마자세

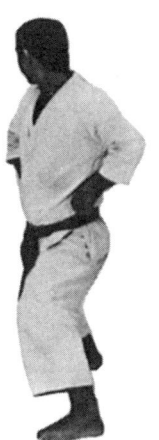

우측 무릎을 우측 가슴으로 붙이고, 휙 하니 허리를 좌측으로 회전하면서, 우족을 한 발 앞으로 세게 내딛는다. 양권을 양허리에 겨눈 채 팔꿈치를 움직이지 않도록. 얼굴은 우측 향하기.

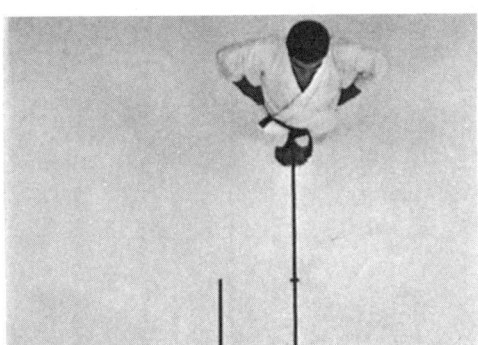

11. 양권 양허리겨누기   12. 우 팔꿈치기

13. 우 등주먹 우측 세로돌려치기
기마자세

 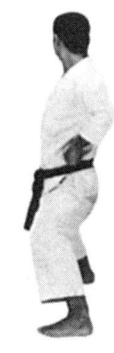  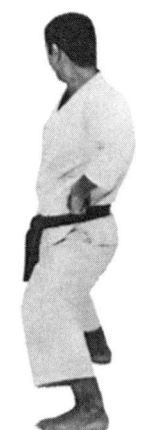

우권은 턱 앞에서 세로로 반원을 그리고, 등주먹치기는 스냅을 살려 즉시 처음의 우측 허리로.

15. 좌 등주먹 좌측 돌려치기
기마자세

좌권은 턱 앞에서 세로로 반원을 그리고, 등주먹치기는 스냅을 살려 즉시 처음의 좌측 허리로.

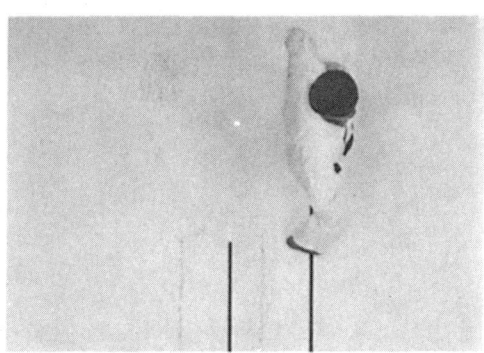 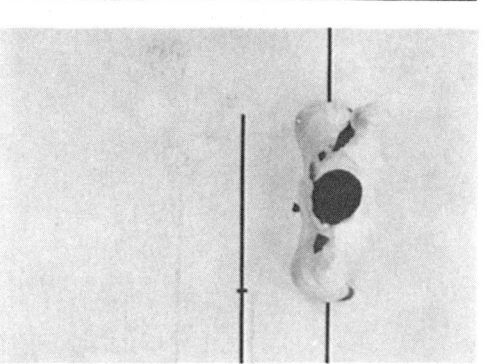

13. 우 등주먹 우측 세로돌려치기   14. 좌 팔꿈치 돌려치기

14 좌 팔꿈치 돌려치기
기마자세 / 상체는 그대로, 얼굴은 좌측 향하기

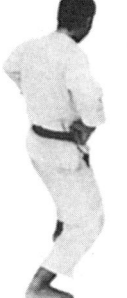

허리의 높이를 바꾸지 않고, 좌측 허리를 높이 끼고, 허리를 휙 하니 우측으로 회전. 좌족은 전진 한 발 앞으로 내딛는다.

16 우 팔꿈치 돌려치기
기마자세 / 얼굴은 우측 향하기

상체는 그대로인 채 허리의 높이를 바꾸지 않고, 우측 무릎을 높이 들어 붙이고, 허리를 휙 하니 좌측으로 회전. 우족은 전진 한 발 앞으로 내딛는다.

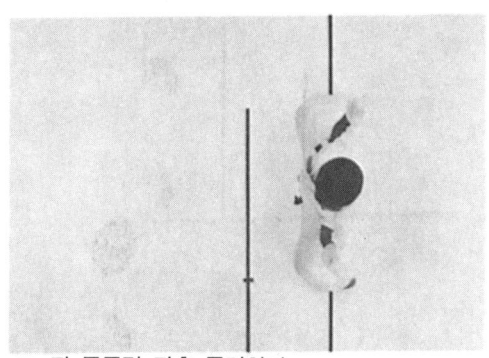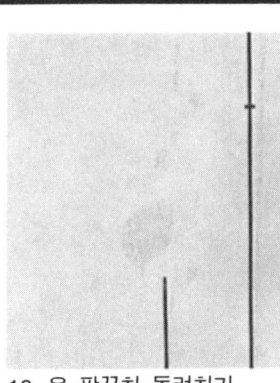

15. 좌 등주먹 좌측 돌려치기   16. 우 팔꿈치 돌려치기

17 우 등주먹 우측 돌려치기
기마자세 / 얼굴은 우측 향하기

우권은 턱 앞에서 세로로 반원을 그린다.

18 좌 중단(바로)지르기
좌 전굴자세

좌족을 전진 한 발 앞으로 내딛는다.

19 우권 밀어올리기 / 좌측 팔꿈치 뒤쪽맞히기
기마자세 / 좌권은 팔꿈치를 갑자기 뒤쪽으로 쑥 내민다
우권등 위쪽 향하기

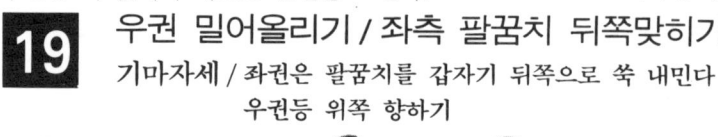

일단 우족을 가볍게 끌어당겨, 좌족과 동일 선상에 발뒤꿈치를 나란히 하고, 우족을 축으로 허리를 크게 좌전한다. 우권은 크게 흔드는 것처럼 하여 좌측 어깨 위로.

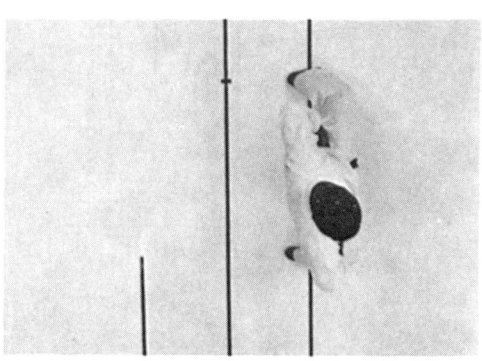

17. 우 등주먹 우측 돌려치기

18. 좌 중단(바로)지르기

19 거동

| 20 | 좌권 밀어올리기
우측 팔꿈치 뒤쪽맞히기
기마자세인 채 모으기 발
좌권등 위쪽 향하기

얍!

바로

좌족으로 벋디디고, 양발을 동시에 우측으로 문질러낸다.
이같은 경우의 이동을 모으기 발이라고 한다.

자연체로 되돌아간다.

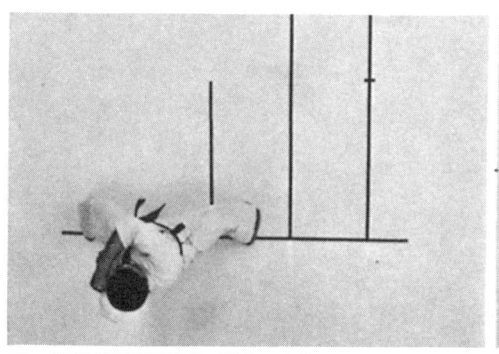

19. 우권 밀어올리기 / 좌측 팔꿈치 뒤쪽맞히기

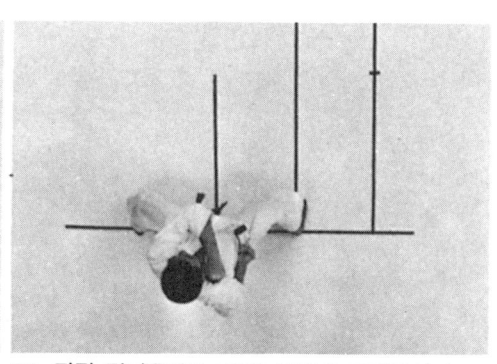

20. 좌권 밀어올리기 / 우측 팔꿈치 뒤쪽맞히기

평안 3 단의 포인트

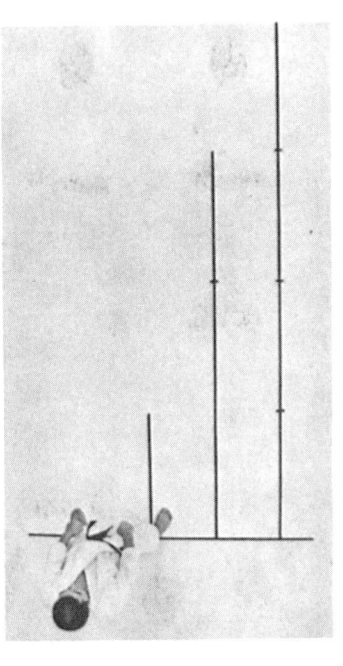

평안3단 20거동 40초
　중단·하단의 바꾸어 막기, 팔꿈치막기, 등주먹치기, 내딛기 등의 기술로 구성되어 있다. 특히 기마 자세를 주체로 한 단련에 힘쓸 필요가 있다. 또 모으기 발이라는 독특한 발다루기를 마스터하는 것이 중요하다.

①

②

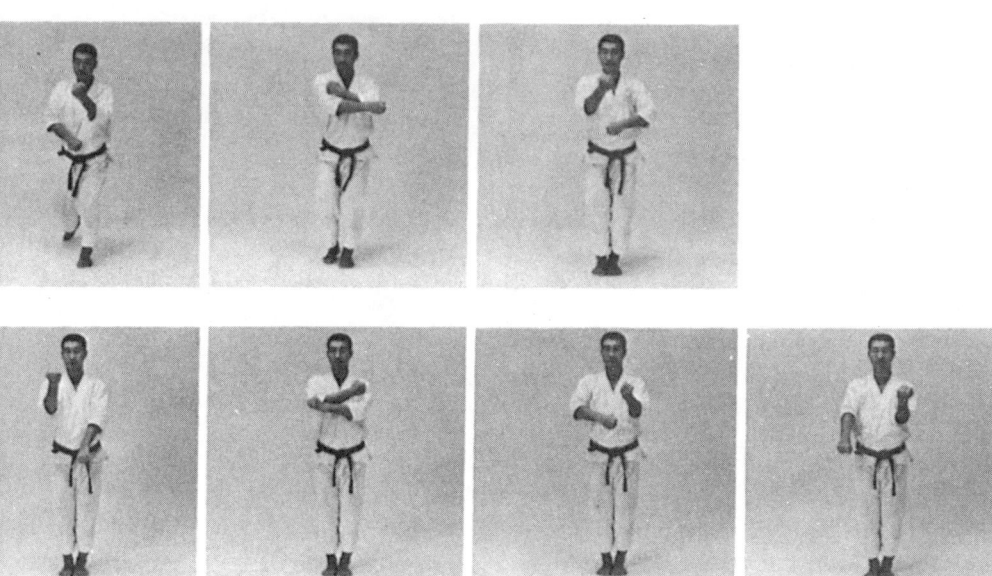

① 중단·하단의 바꾸어 막기 : 중단·하단 다 같이 주먹은 몸의 정면에서 등거리에 있을 것. 중단안쪽막기의 주먹은 하단막기를 하는 팔꿈치 밑에서 돌리고 앞팔을 세운다. 하단막기의 주먹은 팔막기를 하는 팔꿈치의 안쪽을 지난다. 양팔이 가슴 앞에서 동시에 교차하면서 끝내기하는 것이 중요하다. 더욱 중요한 것은 중·하단의 양쪽 팔꿈치 다 몸에서 바깥쪽으로 내지 말 것. 양쪽 팔꿈치 다 몸쪽에서 대체로 주먹 하나의 위치.

② 팔꿈치의 몸측 막기 : 발 모아서기 또는 기마자세에서의 내딛기는 무릎을 가슴 높이 가까이에 취하는 것이 필요하다. 이 팔꿈치막기는 가슴·허리·양팔을 한결같이 고정시켜, 팔만 단독으로 움직이지 말고 허리의 회전에 맞춰서 막는 것이 필요하다. 팔꿈치로 막는다고 하는 것보다는 허리로 막는다고 하는 심정으로.

제 3 장 평안3단

평안 3단의 포인트

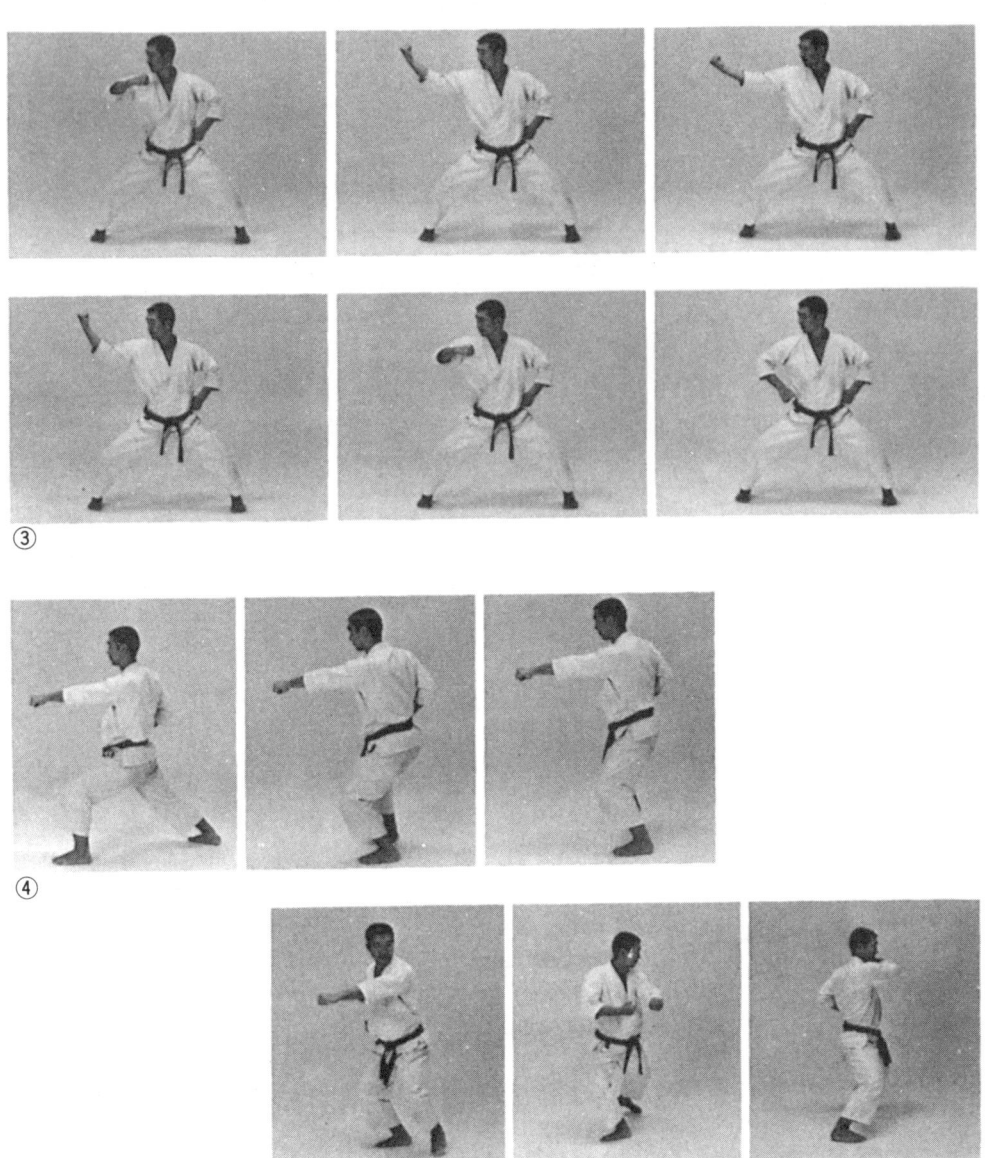

③ 팔꿈치의 몸측 막기에서의 세로 등주먹의 코스 : 주먹을 턱 앞에서 크게 세로로 돌려 측면을 강타하고, 동일 코스를 돌아와서 허리에 겨눈다.
④ 돌아가기에서의 밀어올리기 : 좌측 바로지르기에서 우측 뒷다리를 끌어당기고, 옆으로 한 발 벌리고서 체중을 그 다리에 얹고, 이것을 기축으로 삼아 허리를 좌전, 크게 돌아가 기마자세가 되고, 우권을 밀어올려 동시에 좌측 팔꿈치로 뒤쪽을 강타한다.

평안 4 단

1 왼팔등 좌측 상단막기
　　우측 앞팔 이마앞 옆겨누기　　우 후굴자세 / 두 손바닥등 뒤쪽 향하기

얼굴을 좌우로 돌리고, 허리를 낮추면서 우측 다리에 체중을 싣고 전진 체중이 되어, 좌족을 한 발 좌측으로 문질러내고, 두 손바닥을 반원을 그리면서 올린다.

3 양권 하단십자막기
　　좌 전굴자세 / 우측 손목 위 양권 교차
　　　　(양쪽 등 안쪽 향하기)

좌족을 전진 정면으로 문질러내고, 두 손바닥을 쥐면서 우측 어깨 앞에서 밑으로 쑥 내민다. 두 손목은 우측을 위로 교차시켜 막는다.

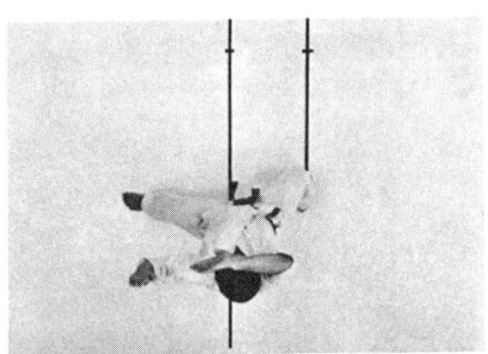

1. 왼팔등 좌측 상단막기
　 우측 앞팔 이마앞 옆겨누기

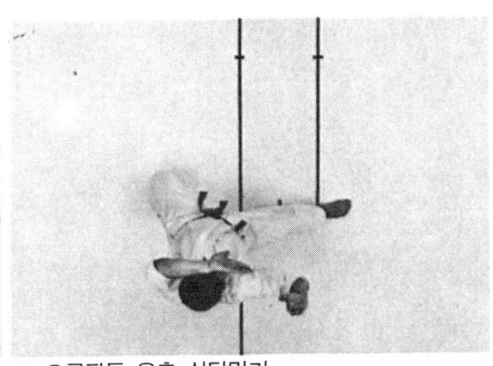

2. 오른팔등 우측 상단막기
　 좌측 앞팔 이마앞 옆겨누기

2 오른팔등 우측 상단막기
좌측 앞팔 이마앞 옆겨누기 / 좌 후굴자세

1, 2거동 다, 손발은 조용하게 천천히 동시에 돌린다.

4 우 중단양수막기(우 중단막기 / 좌권 오른팔꿈치 곁들이기)
좌 후굴자세 / 양쪽 등 비스듬히 앞쪽 아래 향하기

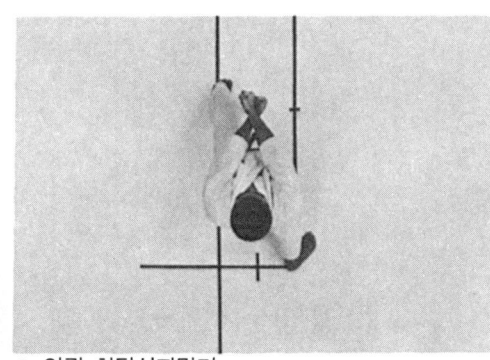
3. 양권 하단십자막기

4. 우 중단양수막기

5 양권 우측 허리겨누기
우측 다리서기 / 우측 무릎 약간 굽히기
(좌측 발바닥, 우측 무릎 옆곁들이기)

6 좌 등주먹 좌측 상단돌려
좌족 옆차기

5, 6거동은 연속 빠르게.

획 하니 조용하게 겨눈다. 좌권(등 앞쪽 향하기)을 우권(등 아래쪽 향하기)에 겹친다.

8 양권 좌측 허리겨누기
좌측 다리서기(좌측 발바닥 좌측 무릎 옆곁들이기)

얼굴을 우측으로 돌리고, 좌족을 반 걸음 끌어당기면서 양권을 좌측 허리로, 동시에 우족을 끌어올린다.

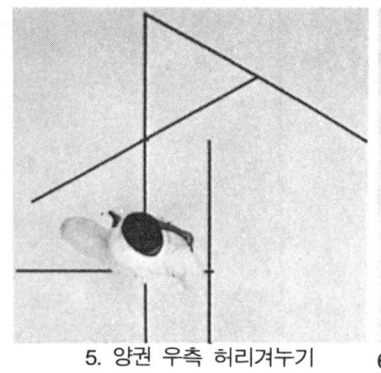

5. 양권 우측 허리겨누기

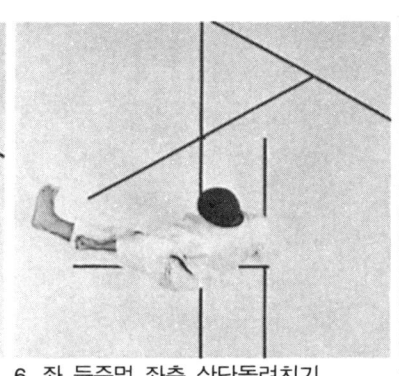

6. 좌 등주먹 좌측 상단돌려치기
   좌족 옆차기

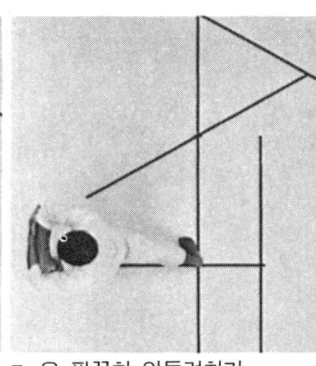

7. 우 팔꿈치 앞돌려치기

7 우 팔꿈치 앞돌려치기
좌 전굴자세

6, 7 거동은 연속으로 빠르게. 좌측 손바닥에 세게 부딪친다.

9 우 등주먹 우측 상단돌려치기
우족 옆차기

10 좌 팔꿈치 앞돌려치기
우 전굴자세

8, 9, 10 거동은 연속으로 빠르게.

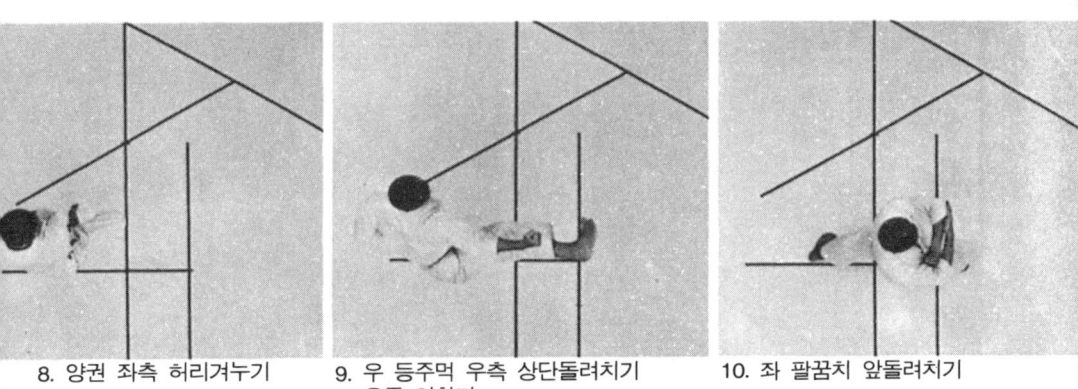

8. 양권 좌측 허리겨누기

9. 우 등주먹 우측 상단돌려치기
우족 옆차기

10. 좌 팔꿈치 앞돌려치기

11. 왼손바닥 상단막기 / 우 수도 상단돌려치기
좌 전굴자세

발 위치는 그대로인 채 허리를 좌측으로 돌리고, 오른손바닥은 이마 앞에서 우측으로 크게 반원을 그려 정면으로 쳐서 뻗고, 왼손바닥은 벌리고 밑에서 돌려 이마 앞으로.

14. 양권 중단밀어제쳐 막기
우 후굴자세 / 양쪽 등 바깥쪽 비스듬히 위쪽 향하기

우측 다리를 축으로 삼고 좌전, 좌족을 뒤쪽의 좌측 비스듬히 옮긴다. 천천히 조이듯이.

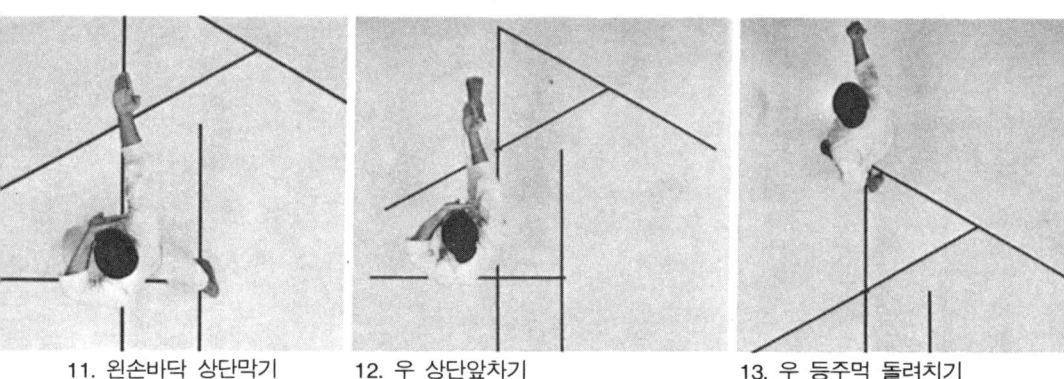

11. 왼손바닥 상단막기
    우 수도 상단돌려치기

12. 우 상단앞차기

13. 우 등주먹 돌려치기

 **12** 우 상단앞차기

 **13** 우 등주먹 돌려치기
좌권 좌측 허리 / 우족 앞쪽 교차서기

상체는 그대로인 채, 우족으로 우측 손끝을 찬다.

 **15** 우 상단앞차기

 **16** 우 중단(바로)지르기
좌권 좌측 허리 / 우 전굴자세

양권은 그대로인 채 좌측 무릎을 펴지 않으며, 허리의 높이를 바꾸지 않고 찬다.

밀어제치기의 주먹 위치에서 지른다. 우족의 접지와 우권의 지르기는 동시에.

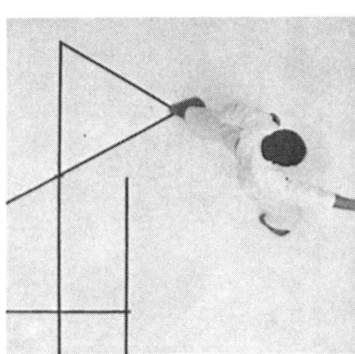

14. 양권 중단밀어제쳐 막기   15. 우 상단앞차기   16. 우 중단(바로)지르기

17 좌권 중단역지르기
그대로의 자세로

18 양권 중단밀어제쳐 막기
좌 후굴자세

16, 17거동은 연속으로 빠르게.

좌측 다리를 축으로, 우전. 손발은 동시에 움직

21 우권 중단역지르기
좌권 좌측 허리
그대로의 자세로

22 좌 중단양수막기
(좌 중단팔막기 /
우권 왼팔꿈치 옆곁들이기)

20, 21거동은 연속지르기.

얼굴을 좌측으로 돌리고 우 후굴자세, 우측 다리로
체중을 옮기면서 좌족을 좌측으로 옮긴다.

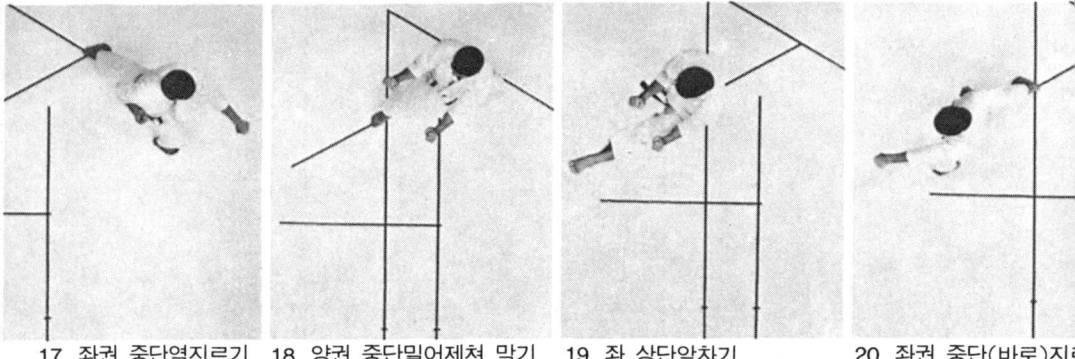

17. 좌권 중단역지르기   18. 양권 중단밀어제쳐 막기   19. 좌 상단앞차기   20. 좌권 중단(바로)지

19 좌 상단앞차기

양권을 움직이지 말고, 그대로인 채

20 좌권 중단(바로)지르기
우권 우측 허리/좌 전굴자세

밀어제치기의 주먹 위치에서 쑥 내민다. 차는 발을 내리는 것과 동시에 지르기가 끝내기되도록.

23 우 중단양수막기
좌 후굴자세

좌측 다리로 체중을 옮기고, 좌 후굴자세로 고정시키면서 우족을 한 발 문질러낸다.

24 좌 중단양수막기
우 후굴자세

좌족을 다시 한 발 문질러낸다. 22, 23, 24거동은 허리의 높이를 바꾸지 않고 나아간다.

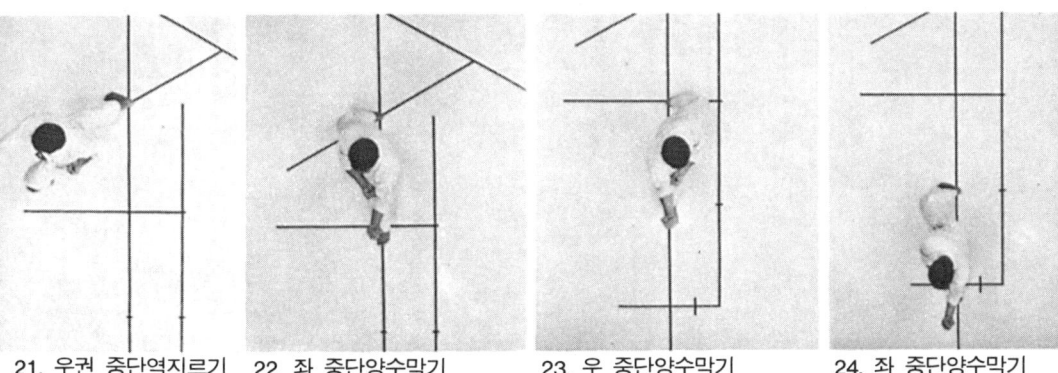

21. 우권 중단역지르기　22. 좌 중단양수막기　23. 우 중단양수막기　24. 좌 중단양수막기

25 우측 무릎 차올리기
양권 우측 허리 양측 끌어내리기
좌측 다리서기

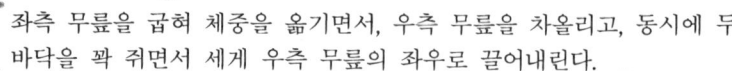

좌측 무릎을 굽혀 체중을 옮기면서, 우측 무릎을 차올리고, 동시에 두 바닥을 꽉 쥐면서 세게 우측 무릎의 좌우로 끌어내린다.

27 우 수도로 중단막기
좌 후굴자세

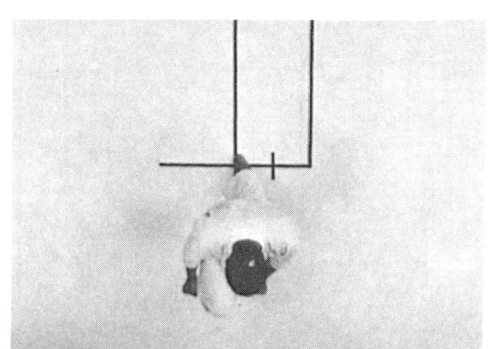

25. 우측 무릎 차올리기
    양권 우측 무릎 양측 끌어내리기

26. 좌 수도로 중단막기
    우 수도로 가슴앞 겨누기

26 좌 수도로 중단막기
우 수도로 가슴앞 겨누기 / 우 후굴자세

우족을 앞쪽으로 내리는 것과 같이, 허리를 좌전, 뒤로 돌아서면서 우 수도를 우측 귀 옆에서 비스듬히 쳐내린다.

바로

좌족을 그대로 두고 우족을 당겨 준비자세로 되돌아간다.

 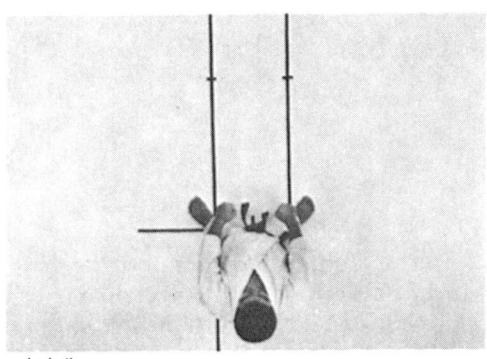

27. 우 수도로 중단막기   자연체

평안 4 단의 포인트

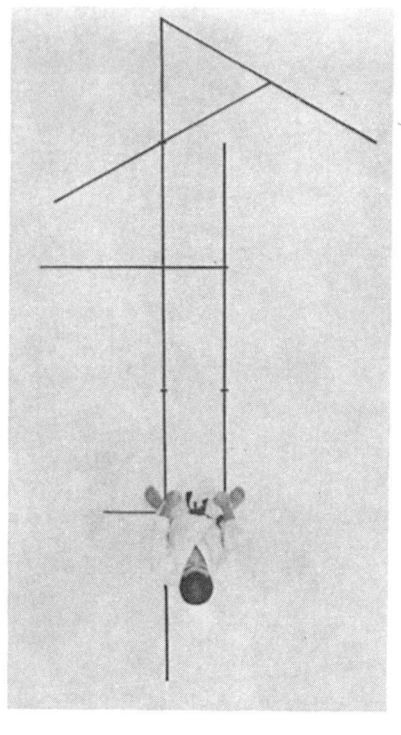

평안 4 단 27거동 약 50초

하단십자막기, 중단양수막기, 수도돌려치기, 뛰어들어 돌려 팔꿈치치기, 양손 밀어제쳐 막기, 무릎치기의 기술이 있다. 서기는 어려운 교차서기를 충분히 마스터해야 한다. 특히 제1거동, 제2거동은 천천히 동작하는데, 손발을 동시에 움직이고 끝내기해야 한다.

① 하단십자막기 : 허리를 앞으로 밀어내는 듯하게, 약간 허리가 낮고, 약간 깊은 듯한 전굴자세가 되어, 손목을 교차한 양권을 동시에 세게 정면 하단으로 쑥 내고, 상대의 차는 발목을 막으면서 잡으면 효과가 있다. 허리가 조금이라도 당겨지면 막은 것 같아도 차는 발은 공격해 온다. 또 막기가 높으면 차는 발은 그대로 파고든다.

② 상단돌려치기 : 11거동은 허리의 좌전에 맞추고, 좌측 손바닥은 밑에서 돌려 팔꿈치를 굽혀 이마 앞쪽으로. 우측 손바닥은 우측 머리 위에서 팔꿈치를 펴서 바깥쪽에서 크게 돌리고, 정면으로 공격한다.
허리의 회전과 좌우 양쪽 손바닥의 큰 원운동은 동시여야 한다.

③ 뛰어들면서 등주먹 돌려치기 : 앞차기한 뒤, 한 발 크게 앞으로 뛰어들면서 등주먹을 세로로 돌려 공격하고, 교차서기가 된다. 찬 뒤의 앞쪽으로 뛰어들기는, 발목의 탄력을 충분히 활용할 필요가 있다. 또 뛰어든 뒤, 우족으로 튼튼하게 체중을 받치고 중심을 잡는다. 좌족은 우족 발뒤꿈치의 뒤쪽에 교차시키는데, 이것은 밸런스를 잡는 역할을 한다. 교차서기의 허리 높이는 후굴자세, 전굴자세와 조금도 다르지 않다.

평안 4단의 포인트

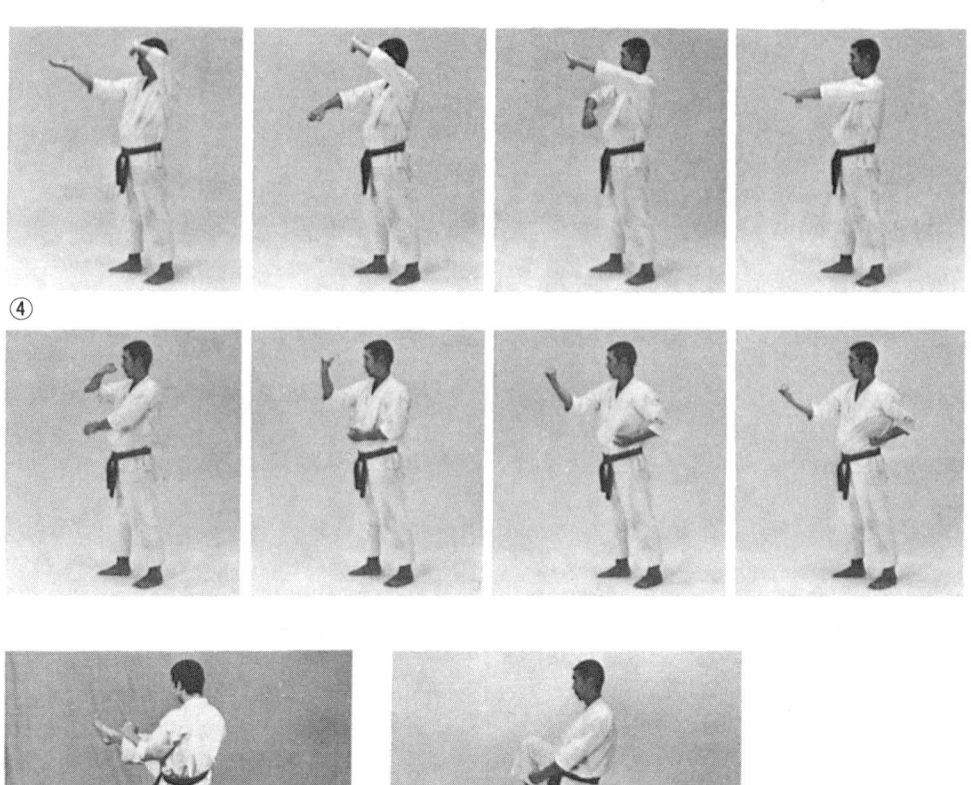

④ 돌려치기의 요령 : 우측 손바닥은 좌측 손바닥 뒤를 쫓는 것처럼 얼굴 정면에서 세로로 원을 그려 돌리고, 죄듯이 좌권은 좌측 허리로. 우측 등주먹은 정면 이마 높이로 동시에 끝내기한다.

⑤ 중단밀어제쳐 막기 : 정면 가슴 앞에서, 좌우의 양팔을 교차시키면서 죄듯이 하여 막는다. 팔꿈치의 위치는 양쪽의 몸쪽 한 주먹 앞. 밀어제쳐 막기에서 차는 경우, 겨드랑이를 충분히 죄어놓지 않으면 양쪽 겨드랑이가 크게 몸 바깥쪽으로 삐져 나가, 안면 명치가 텅 비고, 반격당할 위험이 따르니 유의할 것. 또한 차는 발을 앞쪽으로 내리는 것과 동시에, 밀어제쳐 막기의 겨누기에서 양권으로 연속지르기를 한다.

⑥ 무릎 차올리기 : 우 후굴자세의 중단양수막기 두 발의 위치는 그대로인 채, 허리의 높이를 바꾸지 않고, 체중을 앞으로 옮기고, 일단 두 손바닥을 비스듬히 앞쪽으로 올려 즉시 우측 무릎을 높이 차올리고, 동시에 양권을 우측 무릎 양쪽 겨드랑이 옆으로 끌어내린다.

평안 5단

1 좌권 중단팔막기
우 후굴자세

3 좌측 앞팔 물흐름겨누기
발 모아서기 / 얼굴·손·발을 동시에 천천히 끝내기한다

얼굴을 우측으로 돌리면서, 우족을 좌족으로 끌어당기고, 동시에 우권을 우측 허리로, 좌측 앞팔은 좌권이 우측 겨드랑이에 오도록. 물흐름겨누기는 앞팔을 명치 앞, 수평으로. 앞팔과 가슴은 평행이 된다.

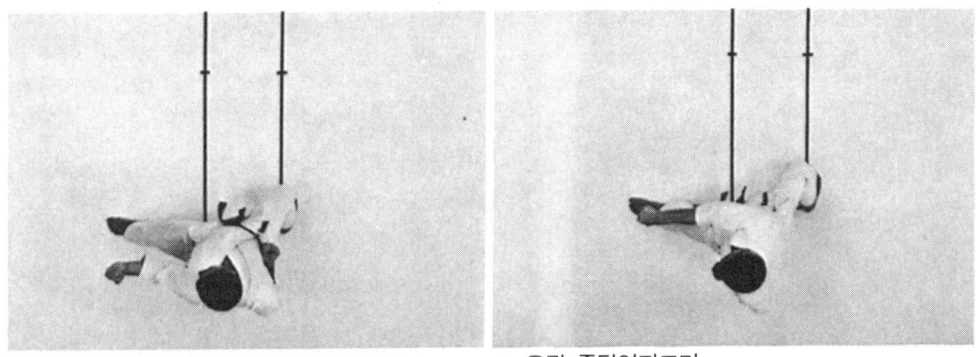

1. 좌권 중단팔막기　　　　　　2. 우권 중단역지르기

2 우권 중단역지르기
우 후굴자세인 채

거동 1, 2는 계속해서 빠르게. 좌권 당기기는 세게 당긴다.

4 우권 중단팔막기
좌 후굴자세

5 좌권 중단역지르기
좌 후굴자세

우권을 왼팔꿈치 밑에서 돌리면서 우측으로 허리를 우전, 우족을 우측으로.

4, 5거동은 연속으로 빠르게 행한다.

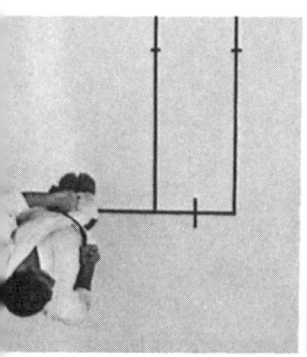
3. 좌측 앞팔 물흐름겨누기

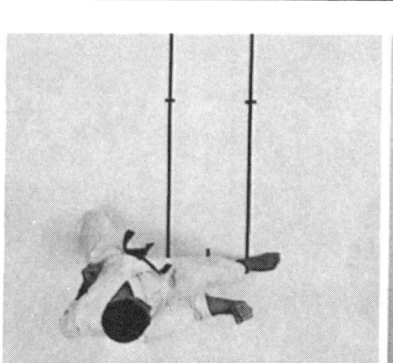
4. 우권 중단팔막기

5. 좌권 중단역지르기

6 우측 앞팔 물흐름겨누기
발 모아서기

얼굴을 좌측으로 돌리면서 허리를 좌전. 손·발을 동시에 천천히 움직인다. 좌족은 우족으로 끌어당긴다.

8 양권 하단십자막기
좌 전굴자세

좌족을 크게 전진 앞으로 내디디면서 우측 손목을 위로 양권을 교차시켜, 앞쪽 하단으로 쑥 내민다.

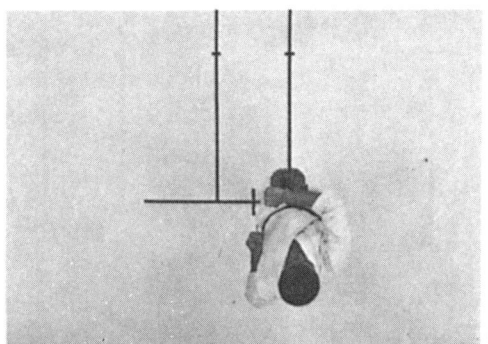

6. 우측 앞팔 물흐름겨누기

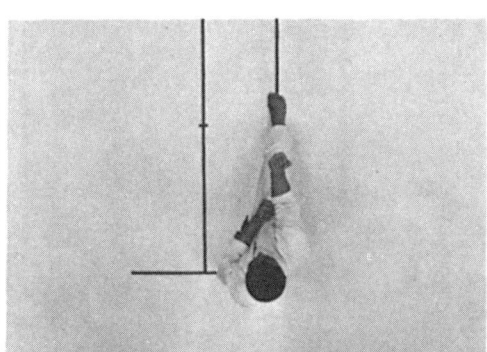

7. 우 중단양수막기

7 우 중단양수막기
좌 후굴자세

 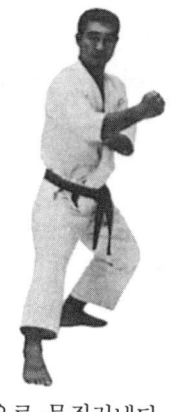  

우족을 전진 한 발 앞으로 문질러낸다.

9 양손바닥 상단십자막기
좌 전굴자세인 채

양쪽 손목을 교차한 채 손바닥을 펴고 밀어올린다. 거동 8, 9는 연속으로 빠르게.

 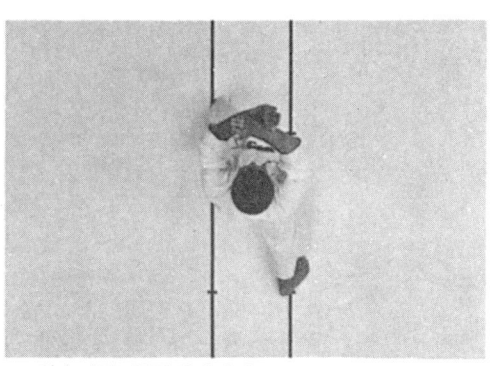

8. 양권 하단십자막기   9. 양손바닥 상단십자막기

제 5 장   평안5단   85

10 양손바닥 중단눌러막기
좌 전굴자세인 채

두 손목을 붙인 채 우측 손바닥의 손목을 젖히고, 등을 아래쪽 향하기가 되게 하여 우측 앞쪽으로 가볍게 펴고, 좌측 손바닥은 등을 위쪽 향하기가 되게 하여 우측 밑 손바닥을 꽉 누르면서 우측 가슴 앞쪽으로 떨어뜨린다. 손바닥 비벼돌리기.

13 우권 우측 하단내려치기
기마자세

   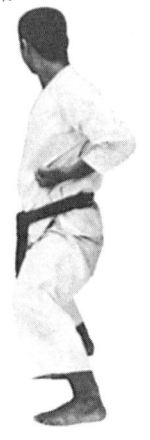

좌측 다리를 축으로 삼고 허리를 좌전, 우족을 크게 바로 뒤쪽으로 내딛는다. 우권은 무릎 위 약 15cm에서 하단후리기.

10. 양손바닥 중단눌러막기   11. 좌권 중단지르기   12. 우권 중단(바로)지르기

| 11 | 좌권 중단지르기
좌 전굴자세인 채 | | 12 | 우권 중단(바로)지르기
우 전굴자세 | |

야!

거동 11, 12는 한 거동인 요량으로 빠르게 한다.

| 14 | 왼손바닥 좌측 중단수도막기
기마자세 |

얼굴을 좌측으로 돌리면서 왼손바닥을 왼팔꿈치 밑에서 옆으로 원을 그리고 돌린다. 두 손은 활을 쓰는 것처럼 천천히 쥔다.

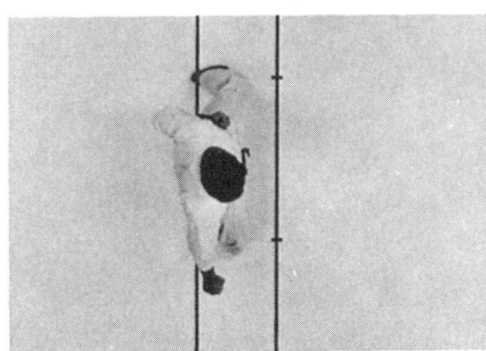

13. 우권 우측 하단내려치기   14. 왼손바닥 좌측 중단수도막기

우족 안다리 돌려차기
기마자세

좌측 다리를 축으로 허리를 좌측으로 돌리면서 우족을 높이 돌리고, 우측 발밑을 왼손 바닥에 댄다. 차는 발은 빠르게 몸의 우측으로 내린다. 허리의 높이를 바꾸지 않도록.

17 우 중단양수막기
우족 앞쪽 교차서기 / 얼굴은 동시에 우측 향하기

우족은 무릎을 굽힌 채, 좌족을 끌어당겨 우측 발뒤꿈치 뒤쪽에 가볍게 접한다.

 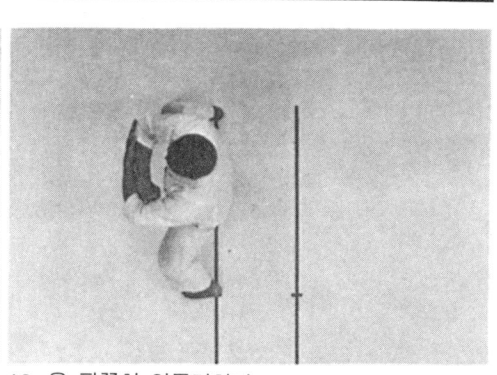

15. 우족 안다리 돌려차기   16. 우 팔꿈치 앞돌려치기

16 우 팔꿈치 앞돌려치기
기마자세 / 우측 팔꿈치는 오른팔 앞쪽 약 20cm

왼손바닥의 위치를 그대로 바꾸지 않고
오른팔꿈치를 왼손바닥 면에 맞힌다.

18 우측 양수 뒤쪽 밀어올리기
ㄴ자모양서기 / 얼굴은 좌측 향하기

얼굴을 좌측으로 돌리고, 우족에 체중을 얹은 채 무릎을 펴, 좌족을 가볍게 좌측으로 뻗는 것과 동시에, 양손 막기인 채 우권은 뒤쪽 비스듬히 위로 올린다.

17. 우 중단양수막기　　　　　　　　18. 우측 양수 뒤쪽 밀어올리기

제 5 장　평안5단　89

19 양권 하단십자막기
우족 앞쪽 교차서기

좌측 돌기로 무릎을 높이 올려붙이고, 크게 좌측으로 뛰어들어 착지와 동시에 양쪽 무릎을 깊이 굽히고, 하단십자막기.

21 a 우 수도 하단내려치기
왼손바닥 우측 어깨위 받아넘기기
일단 좌 전굴자세

두 발의 위치 그대로, 상체를 좌전하여 뒤돌아보고, 일단 좌 전굴자세로 오른손바닥을 우측 어깨 위에서 좌측 무릎 위로 내려치고, 왼손바닥을 좌측 허리 앞에서 우측 어깨 위로.

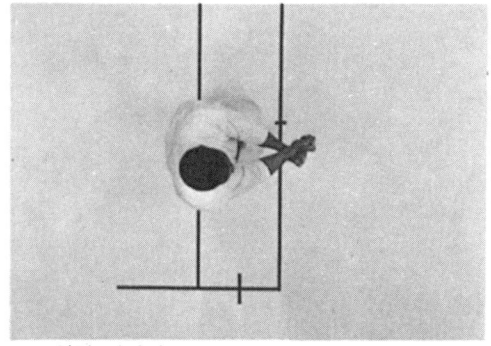
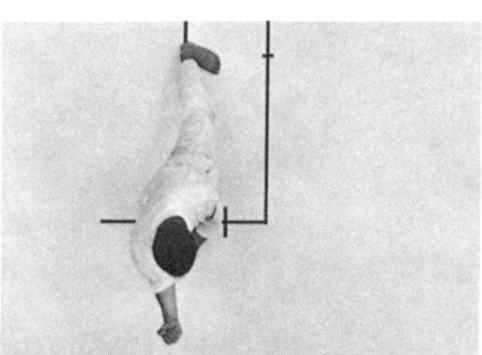

19. 양권 하단십자막기   20. 우 중단양수막기

20 우 중단양수막기
우 전굴자세
얼굴을 우측으로 돌리면서 우족을 우측으로 전진 한 발 문질러낸다.

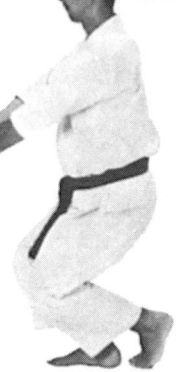

21 우 관수로 낭심지르고 잡아당기기
b 좌권 우측 하단막기
우 후굴자세

체중을 우측 다리로 옮기고 두 손바닥을 꽉 쥐면서, 서로 겨루도록 하여 우권은 좌측 무릎 위에서 뒤쪽 위로, 좌권은 우측 어깨 위에서 앞쪽 밑으로.

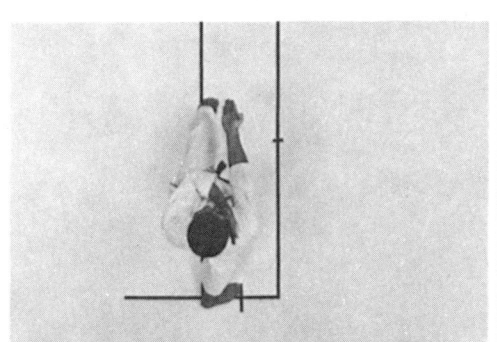

21a. 우 수도 하단내려치기
　　 왼손바닥 우측 어깨위 받아넘기기

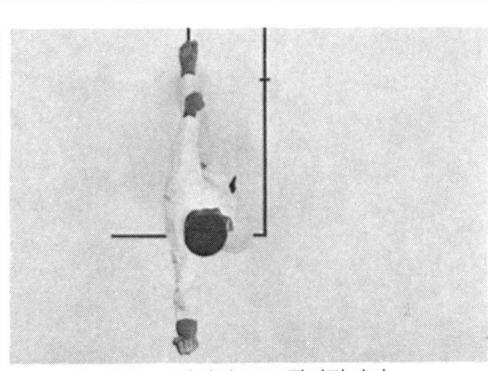

21b. 우 관수로 낭심지르고 잡아당기기
　　 좌권 우측 하단막기

22 상체는 그대로인 채 발 모아서기

 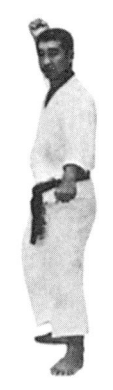 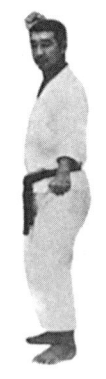 

상체는 그대로인 채. 천천히 좌족을 우족으로 끌어당긴다.

23 좌권 좌측 상단팔막기
b 우권 우측 하단막기 / 좌 후굴자세

체중을 빠르게 좌족으로 옮기고, 양권을 꽉 쥐면서 서로 끌어당기도록. 왼손바닥은 앞쪽 하단에서 뒤쪽으로 높게, 오른손바닥은 좌측 위에서 앞쪽으로.

22. 상체는 그대로인 채 발 모아서기

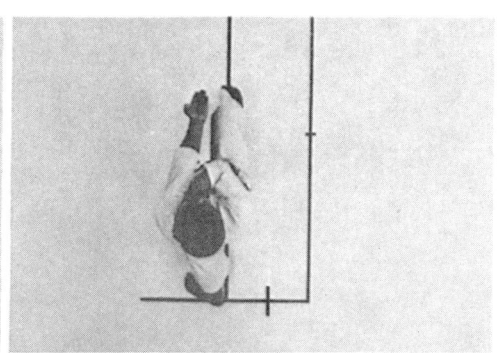

23a. 좌 관수로 하단낭심지르기
오른손바닥 좌측 어깨위 받아넘기기

23 좌 관수로 하단낭심지르기
a 오른손바닥 좌측 어깨위 받아넘기기 / 우 전굴자세

좌측 다리를 회전축으로 삼고 허리를 좌전.
좌측으로 우족을 문질러내면서 왼손바닥을 좌측 어깨 위에서 앞쪽 하단으로 내지르고, 오른손바닥을 우측 허리 앞에서 좌측 어깨위로 잡는다.

바로

조용히 자연체로 되돌아간다.

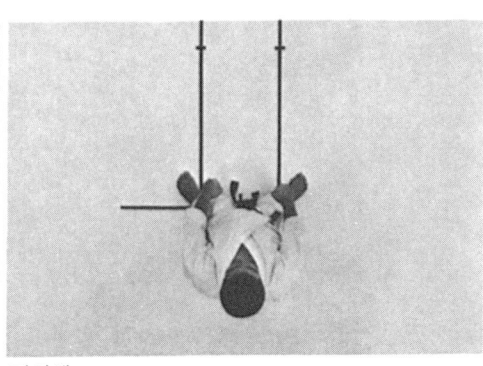

23b. 좌권 좌측 상단팔막기
    우권 우측 하단막기

자연체

제 5 장 평안5단 93

평안 5 단의 포인트

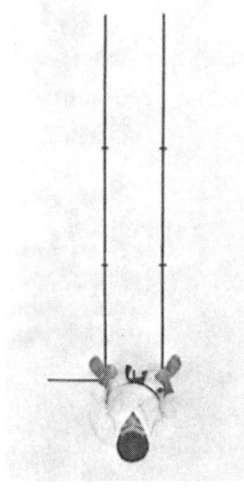

평안 5 단 32거동 약50초

　물흐름겨누기, 두 손바닥 십자상단, 두 손바닥 중단눌러막기, 기마자세에서의 측면 하단막기, 측면 중단걸쳐서 막기, 초승달차기, 뛰어오르고 교차서기 등의 기술로 구성되어 있다.

　제2거동의 우 후굴자세 중단역지르기에서, 3거동의 발 모아서기 우측 앞팔 물흐름겨누기로 이행할 때, 허리의 회전에 맞춰 얼굴·손·발이 동시에 움직여야 한다(5~6거동도 같다). 숙달하면 거동 10, 11, 12는 연속으로 행한다. 뛰어오르고 착지한 뒤의 거동 19는 평안4단과 마찬가지로, 우족에 체중을 얹은 튼튼한 교차서기여야 한다. 형에서는 이 교차서기가 자주 쓰인다.

십자막기 : 하단십자막기에서 상단십자막기로 이행할 때는, 손목을 교차시킨 채 양권을 일단 가슴 가까이에 취하고, 그대로 위로 밀어올려서 막는다. 다음에 두 손바닥은 밑손바닥을 맞춘 채 오른손바닥의 손목을 젖히고, 등을 위쪽 향하기가 되게 하여 오른손바닥을 누르는 것처럼 하면서, 우측 유방 앞쪽으로 내린다.

측면 상하단(上下段) 막기: 허리를 좌전하여 뒤를 돌아보고, 일단 좌측 무릎을 굽히고, 왼손바닥을 좌측 허리 앞에서 우측 어깨 위로 올리는 것과 동시에, 오른손바닥을 우측 어깨 위에서 좌측 무릎 위로 내지른다. 발의 위치를 바꾸지 않고, 곧바로 체중을 우족으로 옮겨, 두 손바닥을 꽉 쥐면서 서로 당기도록 하고, 우권은 우측 무릎 위에서 뒤쪽 상단으로, 좌권은 우측 어깨 위에서 앞쪽 비스듬히 아래로.

제5장 평안5단 95

평안 5단의 포인트

발 모아서기에서의 측면 상하단막기 : 22거동에서, 방향을 전환하여 23거동으로의 이행은 측면 상하단막기와 마찬가지이다. 발의 위치를 바꾸지 않고, 전굴자세·후굴자세로의 변화에 특히 유의할 것.

철기(鉄騎)초단 6

1 상체 그대로인 채 얼굴은 우측 향하기
   좌족 앞쪽 교차서기

허리를 갑자기 떨어뜨리고, 좌족은 조용히 우족을 넘고, 다리를 교차하여 나란히 한다. 상체는 그대로인 채, 얼굴을 휙 하니 우측으로 향하여 돌린다.

3 왼팔꿈치 우측 중단돌려치기
   오른손바닥 왼팔꿈치 돌려치기
   기마자세

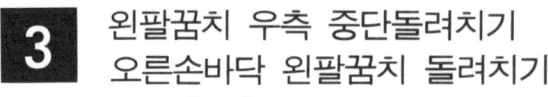

왼팔꿈치로 옆구리를 돌려치는 것처럼 하여, 팔꿈치를 밀어낸다. 양무릎은 세게 뻗친 채, 하반신을 흐트리지 않고 상체만 우측으로 비튼다.

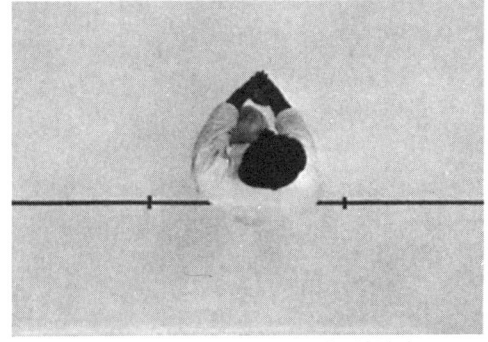 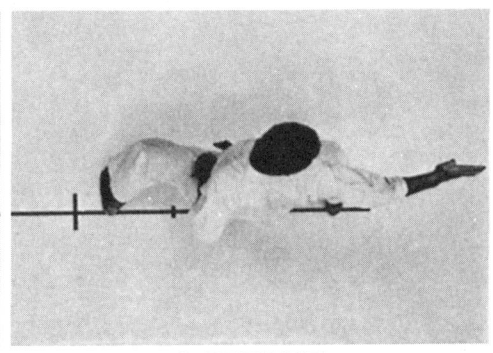

1. 상체는 그대로인 채 얼굴은 우측 향하기   2. 오른손바닥 우측 중단걸쳐막기
   좌족 앞쪽 교차서기

2 오른손바닥 우측 중단걸쳐막기
좌권 좌측 허리   우족 뛰어들기 / 기마자세

우족을 좌측 무릎 뒤쪽으로 빼고, 무릎을 높이 올려붙여, 아치형으로 우측으로 세게 뛰어든다.
좌권을 좌측 허리로 당기는 것과 동시에, 오른손바닥을 천천히 크게 가슴 앞에서 돌린다.

4 얼굴 좌측 향하기
양권 우측 허리겨누기   좌권(등 앞쪽 향하기)
기마자세   우권(등 아래쪽 향하기) 위에 겹친다

얼굴을 좌측으로 돌리는 것과 동시에, 양권을 휙 하니 허리로.

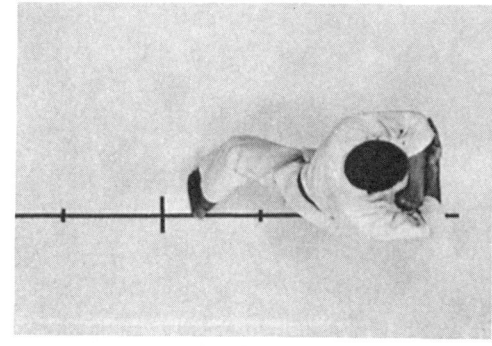

3. 왼팔꿈치 우측 중단돌려치기
   오른손바닥 왼팔꿈치 돌려치기

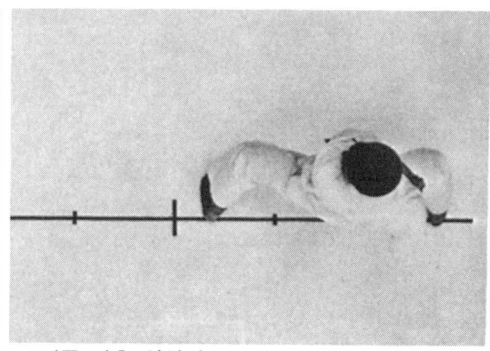

4. 얼굴 좌측 향하기
   양권 우측 허리겨누기

5 좌 하단막기
기마자세

좌측으로의 공격을 세게 털어 버리는 기분으로.

7 상체는 그대로인 채 우족 앞쪽 교차서기

상체의 자세를 흐트리지 않도록.

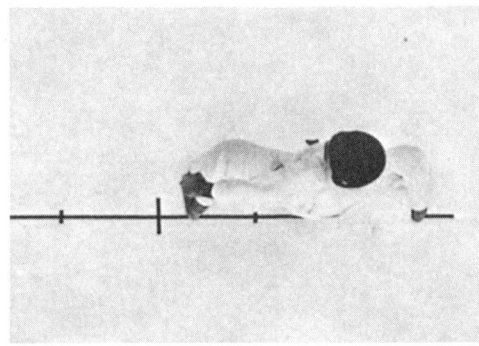 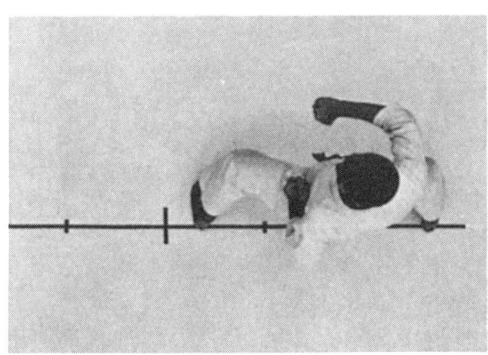

5. 좌 하단막기   6. 우권 갈고리지르기

6 우권 갈고리지르기 / 우측 앞팔 가슴앞쪽 약 20cm
기마자세 / 좌권은 비틀어 올리고, 좌측 허리로 끌어당긴다

팔꿈치로 옆구리를 돌려치는 것처럼 하여 우권을 쑥 내밀고, 팔꿈치에서 끝을 직각으로 굽혀 수평으로 겨눈다(가슴앞쪽 약 20cm). 겨눈 앞팔은 팔꿈치에서 손목을 약간 내린다.

8 얼굴 정면 향하기 / 우 중단팔막기
좌족 뛰어들기 / 기마자세

세게 아치형으로 내딛는다. 팔꿈치는 그대로인 채, 앞팔을 세운다. 얼굴의 뒤돌아보기, 안쪽막기, 좌족의 내딛기와 동시에.

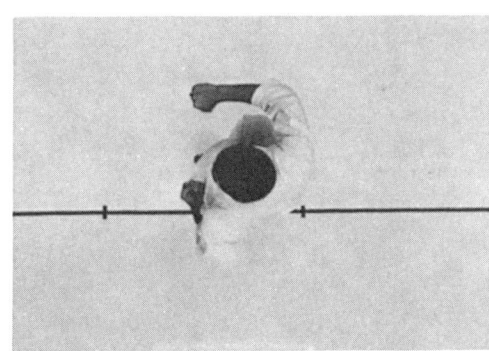

7. 상체는 그대로인 채 우족 앞쪽 교차서기

8. 얼굴 정면 향하기 / 우 중단팔막기

9a 기마자세 · 왼팔등 상단내려치기 우 하단막기

좌권을 앞쪽 밑에서 돌리고 좌측 귀 옆으로. 우권은 동시에 좌측 어깻죽지에서 돌려 앞쪽 밑으로.

9b 기마자세 · 좌권 상단뒤지르기 우권 왼팔꿈치 밑에 접한다

좌권은 비틀리면서 앞쪽으로(팔꿈치를 약간 굽히고), 우권은 끌어당긴다.

11b 기마자세 · 왼팔 좌측 중단막기

좌족을 처음의 위치로 세게 내딛고, 기마자세로 되돌아가는 것과 동시에 상체만 좌측으로 비튼다.

12 상체는 그대로인 채 얼굴은 우측 향하기

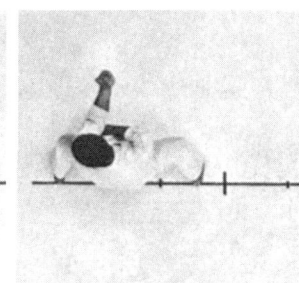

9a. 왼팔등 상단내려치기   9b. 좌권 상단뒤지르기   10. 상체는 그대로인 채 얼굴은 좌측 향하기

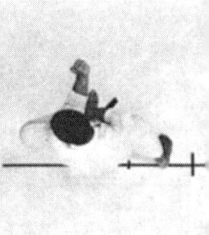

11a. 좌족 제기차기

10 상체는 그대로인 채
얼굴은 좌측 향하기
기마자세

11 좌족 제기차기
a 상체는 그대로인 채

허리의 위치를 바꾸지 않고, 우측 다리는 기마자세 그대로의 형태로, 좌족은 무릎 위치를 바꾸지 않는다.

13 우족 제기차기
a 상체는 그대로인 채

13 왼팔 우측 중단막기
b 기마자세

허리의 위치를 바꾸지 않고, 발바닥이 위를 향하도록 하여 아랫배 앞부분을 찬다.

제기차기한 뒤, 상체만 약간 좌측으로 비튼다. 우권은 그대로인 채, 좌권만 팔꿈치에서 끝을 우측으로 비튼다.

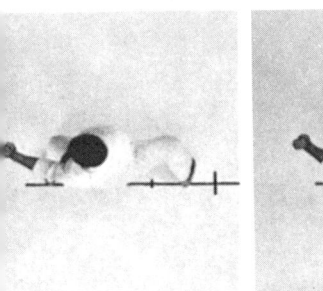
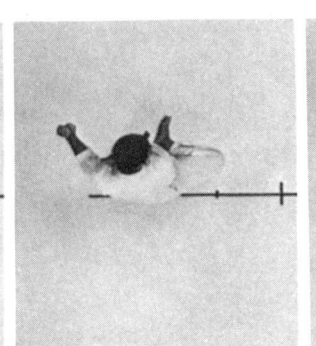
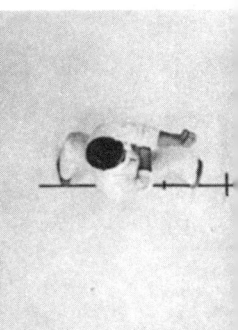

11b. 왼팔 좌측 중단막기 12. 상체는 그대로인 채 얼굴은 우측 향하기 13a. 우족 제기차기 13b. 왼팔 우측 중단막기

제 6 장 철기초단 103

14 얼굴은 좌측 향하기 / 양권 우측 허리겨누기
기마자세

얼굴을 휙 하니 좌측으로 돌리는 것과 동시에 양권을 우측 허리로 끌어당긴다.

16 왼손바닥 좌측 중단걸쳐막기
우권 우측 허리

기마자세

왼손바닥을 천천히 크게 가슴 앞에서 돌리고, 차츰 힘을 준다. 팔꿈치는 가볍게 편다.

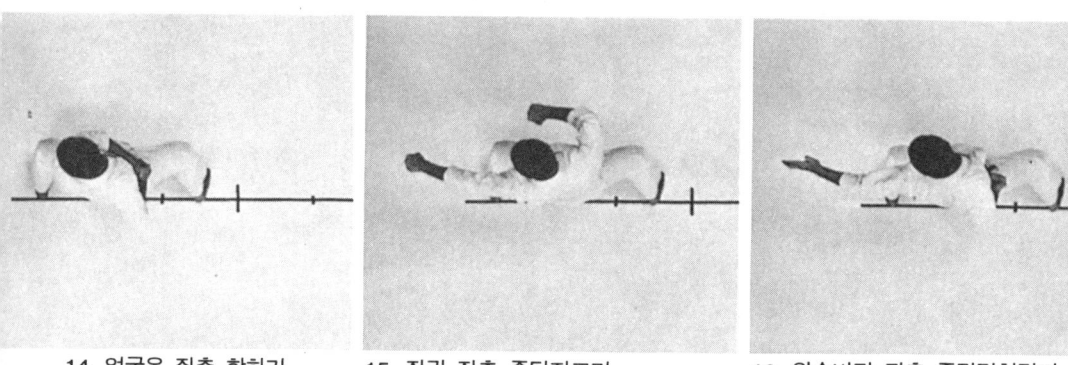

14. 얼굴은 좌측 향하기
    양권 우측 허리겨누기

15. 좌권 좌측 중단지르기
    우권 중단갈고리지르기

16. 왼손바닥 좌측 중단걸쳐막기

15 좌권 좌측 중단지르기
우권 중단갈고리지르기

기마자세

야!

양권은 동시에 좌측을 지른다. 좌권은 어깨보다 약간 낮을 듯하게 곧장 좌측
으로 뻗는다. 우권은 팔꿈치를 직각으로 굽히고, 앞팔은 가슴 앞쪽과 평행으로
(약 20cm), 주먹 끝은 좌측 겨드랑이로.

17 오른팔꿈치 좌측 중단돌려치기
왼손바닥 오른팔꿈치 맞히기

기마자세

18 얼굴은 우측 향하기
양권 좌측 허리겨누기

기마자세
우권은 좌권 위에
겹친다

19 우 하단막기
기마자세

오른팔꿈치로 옆구리를 문지르
도록 하고, 팔꿈치를 밀어낸다.

동시에 얼굴을 휙하니
우측으로 돌린다.

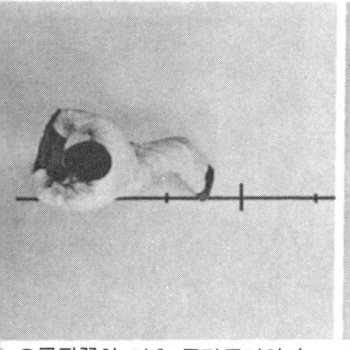
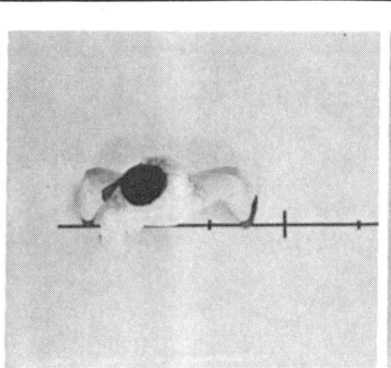
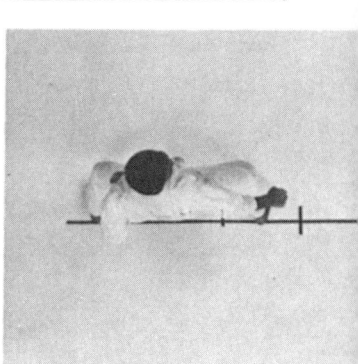

17. 오른팔꿈치 좌측 중단돌려치기
18. 얼굴은 우측 향하기
    양권 좌측 허리겨누기
19. 우 하단막기

20 좌권 갈고리지르기
기마자세 / 좌측 앞팔 가슴앞쪽 약 20cm

 21 상체는 그대로인 채
좌족 앞쪽 교차서기

자세를 흐트리지 않고
좌족을 끌어당긴다.

23 a 오른팔등 상단내려치기
좌 하단막기 / 기마자세

23 b 우권 상단뒤지르기
기마자세 / 좌권 오른팔꿈치 밑으로 접

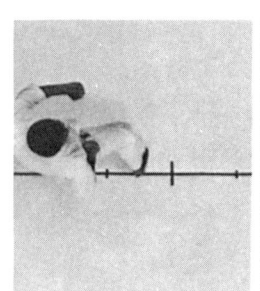  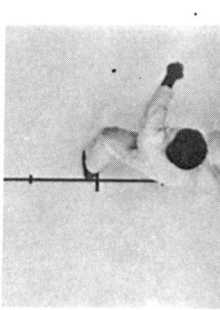

20. 좌권 갈고리지르기
21. 상체는 그대로인 채 좌족 앞쪽 교차서기
22. 얼굴 정면 향하기 좌 중단팔막기
23a. 오른팔등 상단내려치기

22 얼굴 정면 향하기 / 좌 중단팔막기
우족 내딛기 / 기마자세 / 팔꿈치 위치는 그대로인 채 앞팔을 세운다

24 상체는 그대로인 채 얼굴 우측 향하기
기마자세

25 a 우족 제기차기
상체는 그대로인 채

25 b 오른팔 우측 중단막기
기마자세

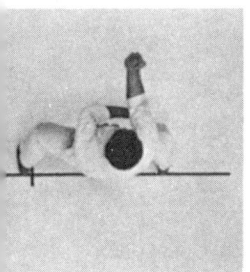
23b. 우권 상단뒤지르기

24. 상체는 그대로인 채 얼굴 우측 향하기

25a. 우족 제기차기

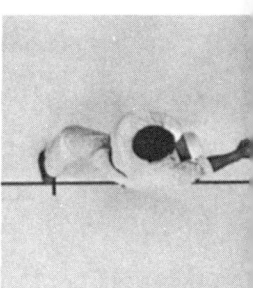
25b. 오른팔 우측 중단막기

26 상체는 그대로인 채 **얼굴 좌측 향하기**
기마자세

27 **좌족 제기차기**
a 상체는 그대로인 채

29 우권 우측 중단지르기 / 좌권 갈고리지르기
기마자세

야!

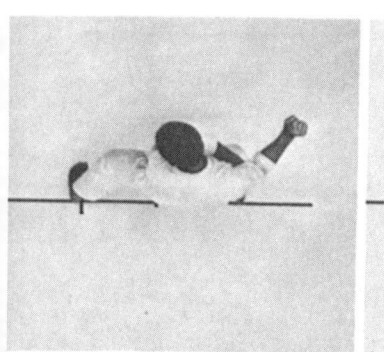
26. 상체는 그대로인 채
    얼굴 좌측 향하기

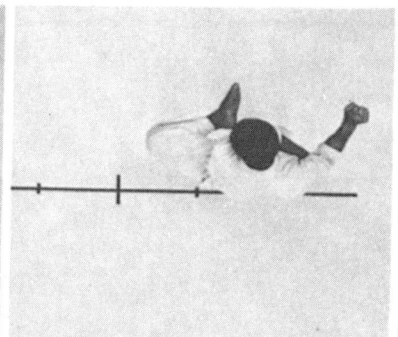
27a. 좌족 제기차기

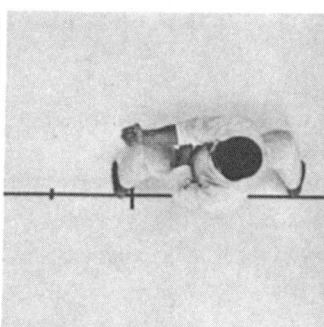
27b. 오른팔 좌측 중단막기

27 b 오른팔 좌측 중단막기
     기마자세

28 얼굴 우측 향하기
    양권 좌측 허리겨누기

기마자세   우권은 좌권 위에 겹친다

좌족을 세게 내딛고 기마자세로 되돌아간다.

바로

좌족은 그대로인 채, 얼굴을 정면으로 조용히 돌리는 것과 동시에, 우족을 당겨서 천천히 손발을 처음의 준비자세로 되돌아간다.

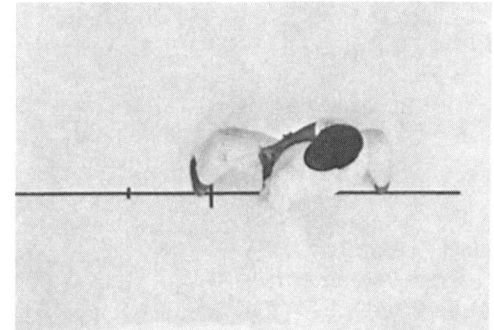

28. 얼굴 우측 향하기
    양권 좌측 허리겨누기

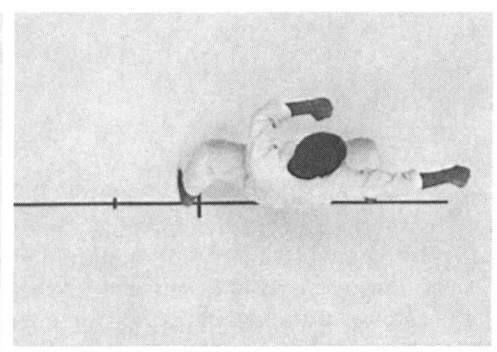

29. 우권 우측 중단지르기
    좌권 갈고리지르기

제 6 장 철기초단   109

철기초단의 포인트

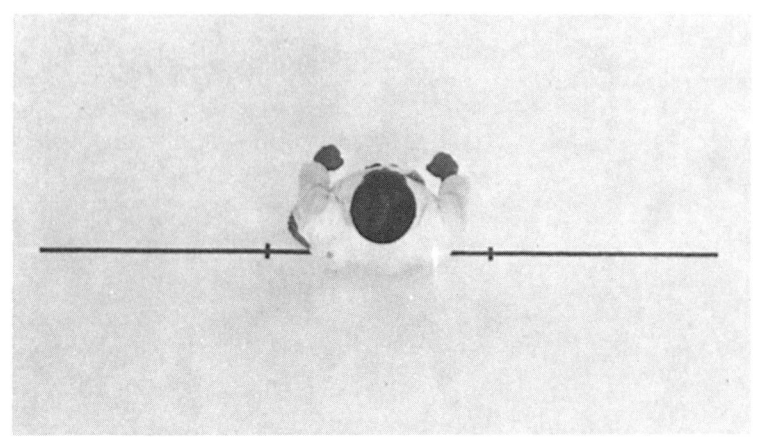

철기초단　27거동　약50초

　철기는 옆 한일(一)자의 연무선이며, 옆 이동으로 시종하는 형이다. 이동하는 발이 축이 되는 다리 앞쪽에 교차할 때, 완전치 않으면 점점 연무선 앞쪽으로 어긋나기 쉬우므로, 교차할 때 두 발끝을 바로 옆으로 나란히 하는 것과 체중을 다른 발로 바꾸어 옮기는 타이밍이 중요하다. 어떻게 움직여도 기마자세는 절대로 흐트러서는 안 된다. 측면으로 기술을 걸 때도, 허리에서 밑은 올바르게 정면을 향하고 있어야 한다. 철기는 비교적 단조로운 동작이므로, 얼굴의 방향을 바꿀 때 활기 차고 세게 돌려, 액션을 붙일 필요가 있다.

  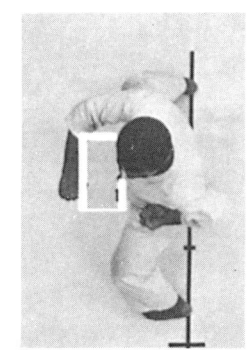

갈고리지르기 : 철기에서 가장 중요한 포인트. 정확한 갈고리지르기에 의해 어깨·팔꿈치·겨드랑이 붙이기를 확실하게 마스터할 수 있다. 갈고리지르기를 정확히 함으로써 뻗음이 있는 지르기, 확실한 막기의 요령을 익힐 것. 이 형을 하지 않은 전과 후에 있어서는, 기술을 쓰는 방법에 현격한 차이가 생긴다(제2권 참조).

기마자세의 내딛기: 우측으로 내디딜 때는 특히 좌측 무릎을 세게 죄고, 무게 중심이 차츰 우측으로 옮겨도 좌측 무릎이 흐트러지지 않아야 한다. 내딛는 발은, 축이 되는 다리의 무릎 뒤쪽에서 높이 빠지고, 무릎을 우측으로 높이 아치 모양으로 돌리면서 세게 내딛는다.

제기차기: 허리의 위치는 절대로 바꾸지 말고, 하반신을 안정시킨 채 발을 가능한 한 높이 안쪽으로 튕겨올린다. 발바닥은 위를 향한다.

철기초단의 포인트

발등 상단내려치기에서 상단뒤지르기로의 변화 : 우권은 일단 왼팔꿈치 밑에서 돌려 우측 귀 옆으로. 좌권은 동시에 우측 어깻죽지에서 돌려 앞쪽 하단으로. 다시 우권은 비틀면서 팔꿈치를 약간 굽히고 정면으로 내지른다. 좌측은 동시에 팔꿈치를 굽혀서 오른팔꿈치 밑으로 끌어당긴다. 상단내려치기는 약간 원을 그리면서 막는다.

7
철기 2 단

1 얼굴 우측 향하기
양팔꿈치를 수평으로 뻗는다
좌족 앞쪽 교차서기

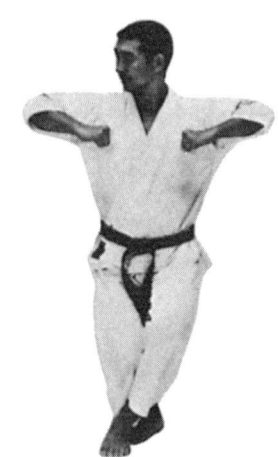

조용하게 천천히. 얼굴·손·발을 동시에.

3 우측 앞팔 정면 하단막기
등 비스듬히 아래쪽 향하기
왼손바닥 오른팔꿈치에 곁들인다
좌족 앞쪽 교차서기

좌족을 끌어당긴다. 왼손바닥은 호구(虎口 : 엄지손가락과 집게손가락 사이)를 벌리고 오른팔꿈치를 끼는 것처럼 곁들인다.

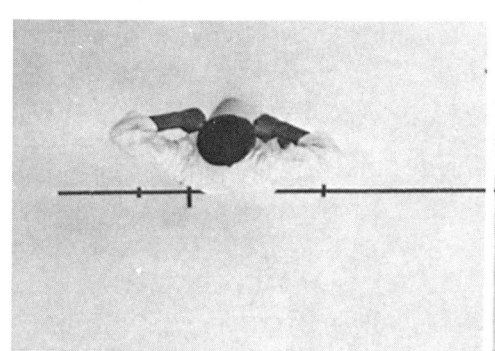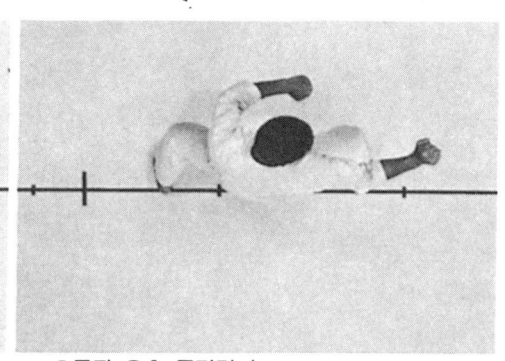

1. 얼굴 우측 향하기
   양팔꿈치를 수평으로 뻗는다

2. 오른팔 우측 중단막기
   좌측 앞팔 가슴앞쪽 수평겨누기

2 오른팔 우측 중단막기
좌측 앞팔 가슴앞쪽 수평겨누기
기마자세

우족을 세게 내딛는다.

4 오른팔 우측 하단막기
우권등 비스듬히 아래쪽 향하기
왼손바닥 오른팔꿈치에 곁들인 채
기마자세

우족은 가볍게 문질러낸다. 왼손바닥으로 오른팔꿈치를 세게 밀어낸다.

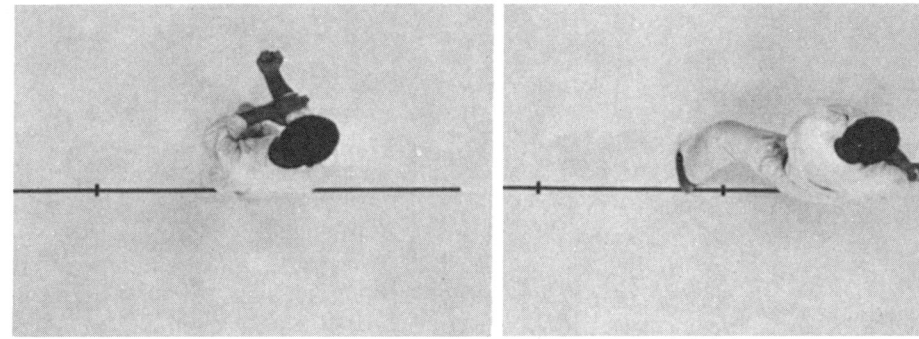

3. 우측 앞팔 정면 하단막기   4. 오른팔 우측 하단막기

5 얼굴 좌측 향하기
양팔꿈치를 수평으로 뻗는다
　발 모아서기

좌족을 끌어당긴다. 조용하게 천천히. 얼굴·손·발을 동시에.

7 좌측 앞팔 정면 하단막기
오른손바닥 왼팔꿈치에 곁들인다
　우족 앞쪽 교차서기

오른손바닥은 호구를 벌리고, 왼팔꿈치에 곁들인다.

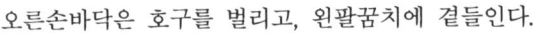

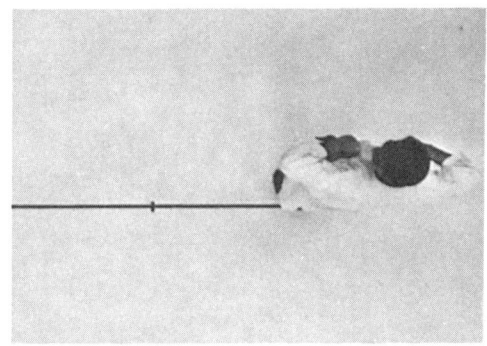

5. 얼굴 좌측 향하기
　양팔꿈치를 수평으로 뻗는다

6. 왼팔 좌측 중단막기
　오른팔 가슴앞쪽 수평겨누기

6 왼팔 좌측 중단막기
오른팔 가슴앞쪽 수평겨누기
기마자세

좌족을 세게 내딛는다.

8 왼팔 좌측 하단막기
좌권등 비스듬히 아래쪽 향하기
오른손바닥 왼팔꿈치에 곁들인 채 / 기마자세

오른손바닥으로 왼팔꿈치를 세게 밀어낸다.

7. 좌측 앞팔 정면 하단막기

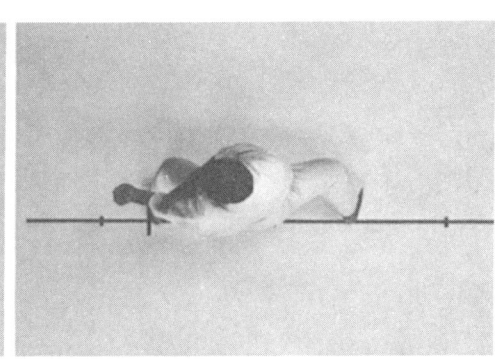
8. 왼팔 좌측 하단막기

9 왼손바닥 좌측 허리 / 기마자세
우권을 왼손바닥에 맞힌다

왼손바닥은 등 좌측 향하기 / 우권등 앞쪽 향하기

얼굴은 우측 향하기.

11a 얼굴 정면 향하기
우권 우측 허리
왼손바닥 우권 앞에 맞힌다

왼손바닥은 등 앞쪽 향하기
우권등 아래쪽 향하기

11b 오른팔꿈치 앞돌려치기
왼손바닥 명치 앞쪽에 세움

우측 내딛기 / 기마자세
우권등 위쪽 향하기
좌권등 뒤쪽 향하기

 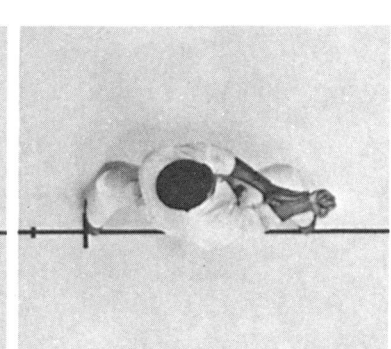 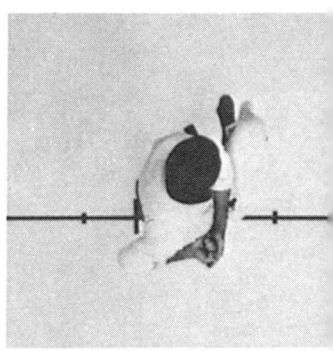

우측 무릎을 높이 올린다.

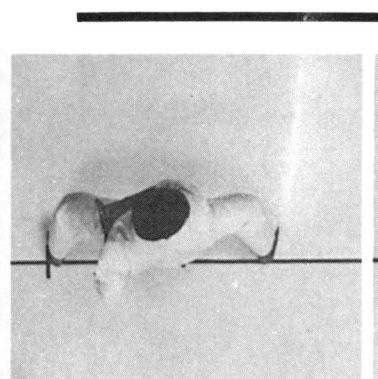

9. 왼손바닥 좌측 허리   10. 오른팔 우측 중단막기   11a. 얼굴 정면 향하기
                                                                                                     우권 우측 허리

10 오른팔 우측 중단막기 / 등 아래쪽 향하기
왼손바닥을 우측 손목에 곁들인다
기마자세

12 오른손바닥 우측 잡기식막기
얼굴 우측 향하기 / 기마자세

13 좌권 갈고리지르기
우권 우측 허리
기마자세

우측 손바닥은 호구를 크게 벌린다.

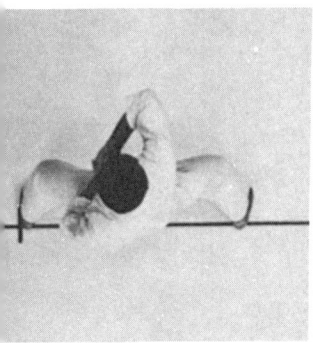
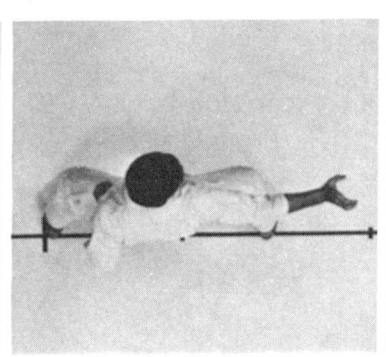
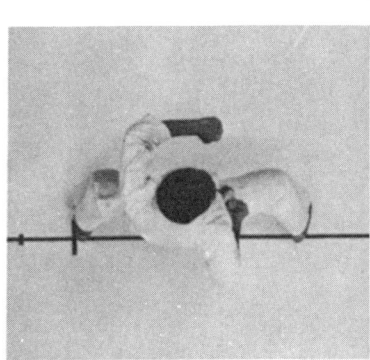

11b. 오른팔꿈치 앞돌려치기   12. 오른손바닥 우측 잡기식막기   13. 좌권 갈고리지르기

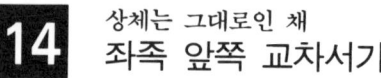

14 상체는 그대로인 채
좌족 앞쪽 교차서기

15 얼굴 정면 향하기
좌 중단안쪽막기

우족 내딛기 / 기마자세

13의 팔꿈치 위치를 바꾸지 말고.

17 얼굴 좌측 향하기 / 오른손바닥 우측 허리
좌권을 오른손바닥에 맞힌다

기마자세 / 우권등 우측 향하기, 좌권등 앞쪽 향하기

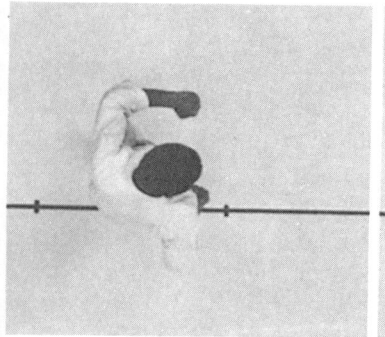
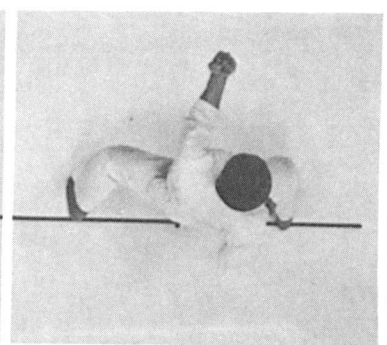
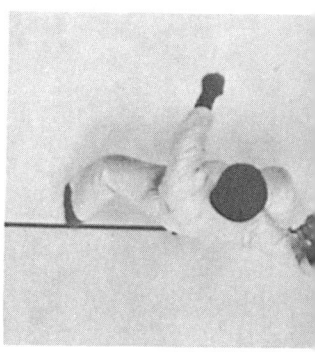

14. 상체는 그대로인 채
좌족 앞쪽 교차서기

15. 얼굴 정면 향하기
좌 중단안쪽막기

16a. 오른팔등 상단내려치기

16 a 오른팔등 상단내려치기
좌권 하단막기
기마자세

16 b 우권 상단뒤지르기
좌측 앞팔 가슴앞쪽 수평겨누기
기마자세

18 좌측 앞팔 좌측 중단막기
오른손바닥을 좌측 손목에 곁들인다
기마자세

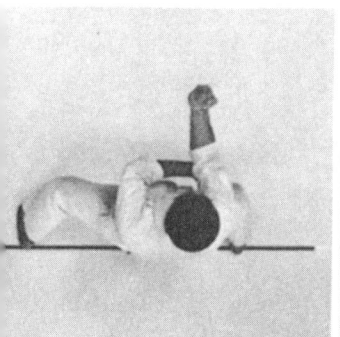
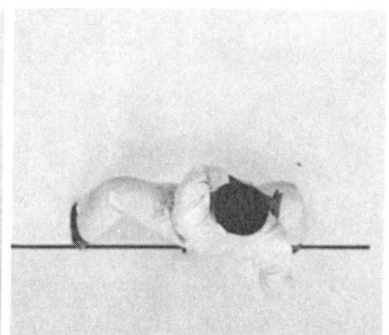
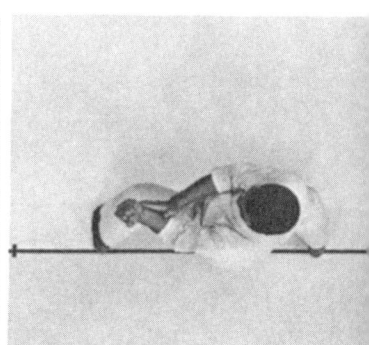

16b. 우권 상단뒤지르기

17. 얼굴 좌측 향하기
오른손바닥 우측 허리

18. 좌측 앞팔 좌측 중단막기

제 7 장 철기2단

19 a 얼굴 정면 향하기
좌권 좌측 허리
오른손바닥을 좌권 앞쪽에
맞힌다

19 b 왼팔꿈치 앞돌려치기
오른손바닥을 명치 앞쪽에 맞힌다
좌족 내딛기 / 기마자세

오른손바닥등 앞쪽 향하기, 좌권등 아래쪽 향하기   오른손바닥등 뒤쪽 향하기, 좌권등 위쪽 향하기

21 우권 갈고리지르기
기마자세

22 상체는 그대로인 채
우족 앞쪽 교차서기

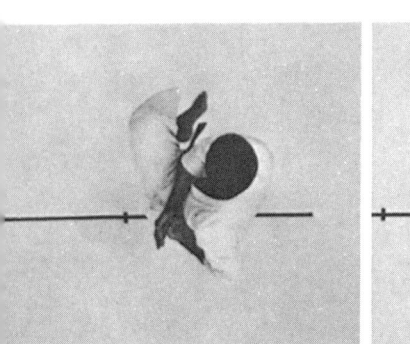

19a. 얼굴 정면 향하기
좌권 좌측 허리

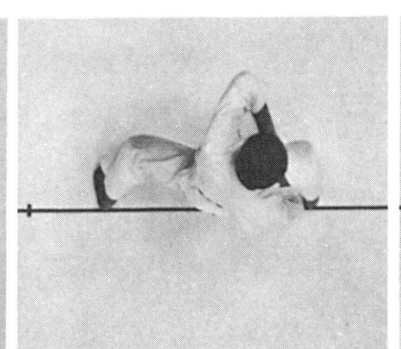

19b. 왼팔꿈치 앞돌려치기

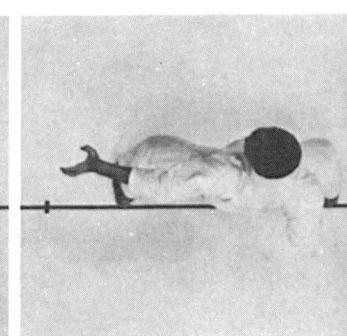

20. 왼손바닥 좌측 중단잡기식막기

20 왼손바닥 좌측 중단잡기식막기
기마자세

23 우 중단팔막기
기마자세

21. 우권 갈고리지르기
22. 상체는 그대로인 채 우족 앞쪽 교차서기
23. 우 중단팔막기

24 a 왼팔등 상단내려치기
우 하단막기 / 기마자세

24 b 좌권 상단뒤지르기
우측 앞팔 가슴앞쪽 수평겨누기
기마자세

바로

우족을 당기고, 조용히 자연체로 돌아간다.

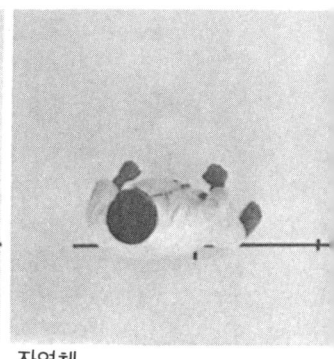

24a. 왼팔등 상단내려치기   24b. 좌권 상단뒤지르기   자연체

철기 2 단의 포인트

철기 2 단   24거동   약 50초
측면으로의 하단막기일 때, 한 손을 막는 팔의 팔꿈치에 걸쳐 밀어내고, 효과적인 강함을 발휘시킨다. 중단의 붙잡아막기와 걸쳐막기의 구별을 마스터할 것.

거동 1 에서 거동 2 에의 연락 : 양어깨를 움츠리는 것 같은 느낌으로, 양쪽 앞팔을 나란히 하여 얼굴 앞쪽에 취하고, 힘껏 팔꿈치를 굽힌 채 팔을 비틀어 옆으로 내리는 듯이 막는다. 좌측 앞팔은 가슴앞쪽에 겨눈다.

철기 2 단의 포인트

옆 이동 정면 하단막기 : 좌족을 우족 앞쪽에 교차시켜 끌어당긴다. 동시에 우측 중단막기의 팔을, 정면으로 쳐내리고 막는다(오른팔의 쳐내리기와 좌족의 끌어당기기는 동시여야 한다). 발의 끌어당기기는 가볍게 획 하니. 팔의 내려치기는 세게.

정면으로의 원비치기 : 거동 10에서 11로 이행할 때는, 손의 허리로의 끌어당기기와 무릎 올리기를 동시에 하지 않으면 효과가 없다. 발을 옆으로 내딛는 것과 동시에, 오른팔꿈치를 세게 앞쪽으로 밀어낸다. 상체는 약간 정면으로 비틀려지나, 허리에서 밑은 어디까지나 정면 향하기로 힘껏 서는 것이 필요하다.

잡기식막기 : 손가락을 한데 모은 손바닥의 수도 부위로, 약간 손목을 세우고 막는 걸쳐막기와 달라, 호구를 벌려 세로로 반원을 그리며 돌리고, 끝으로 팔꿈치를 가볍게 굽혀 붙잡고 끌어당기면서 겨드랑이를 친다. 또 등주먹치기처럼 사용하는 손등막기와도 다르다.

8
철기 3단

1. 좌 중단팔막기 / 우권 우측 허리
기마자세

3. 우 중단팔막기
좌측 앞팔 가슴앞쪽 수평겨누기
기마자세

팔꿈치와 같이 앞팔을 좌측으로 공격하는 것처럼 막는다.

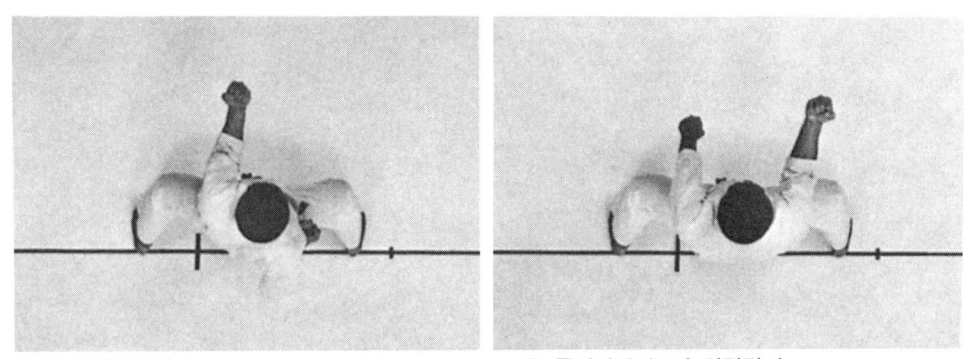

1. 좌 중단팔막기

2. 우 중단팔막기 / 좌 하단막기

2 우 중단팔막기 / 좌 하단막기
기마자세

4 오른팔등 상단내려치기
좌측은 그대로인 채 / 기마자세

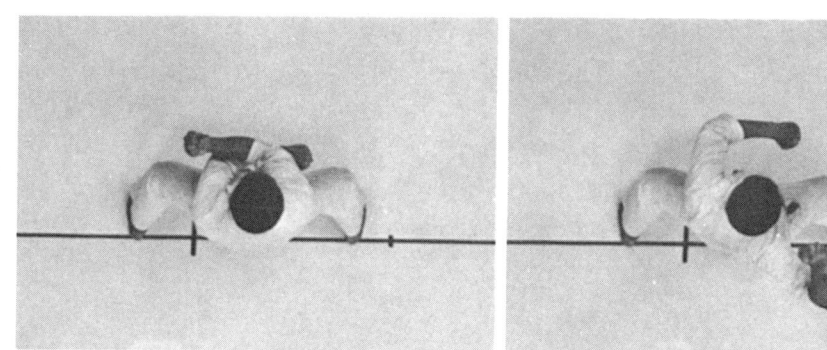

3. 우 중단팔막기

4. 오른팔등 상단내려치기

5. 우권 상단뒤지르기
기마자세 / 오른팔꿈치는 좌권 위

7. 우권 중단(바로)지르기
좌측은 그대로인 채 / 기마자세

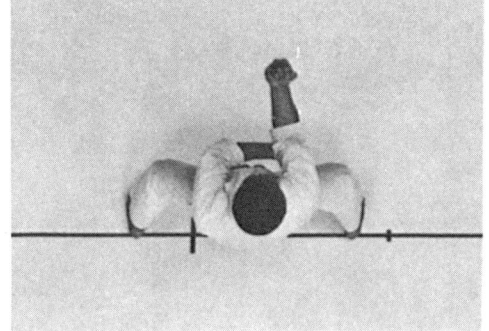
5. 우권 상단뒤지르기

6. 우권 우측 허리

6 우권 우측 허리 / 왼손바닥 우권 위
기마자세 / 우권등 아래쪽 향하기, 좌권등 위쪽 향하기

8 얼굴 우측 향하기 / 우측 앞팔 비틀기
기마자세 / 우권등 아래쪽 향하기

우측 앞팔은 팔꿈치의 힘을 빼고, 팔꿈치의 탄력을 이용해 손목을 젖힌다.

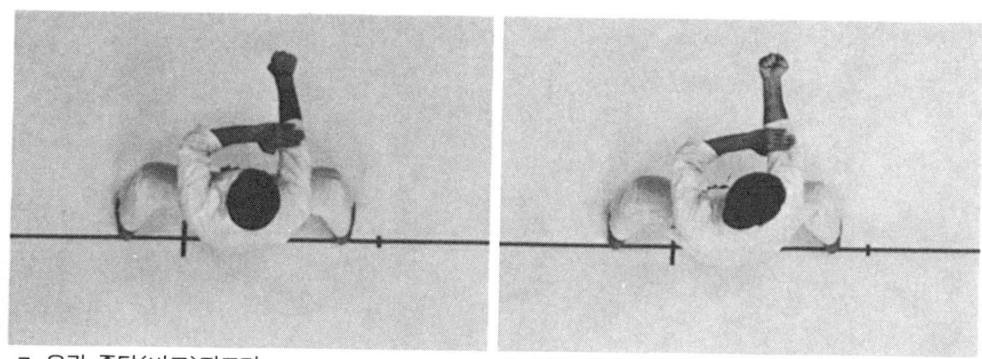

7. 우권 중단(바로)지르기

8. 얼굴 우측 향하기 / 우측 앞팔 비틀기

9 상체는 그대로인 채 좌족 앞쪽 교차서기

11 우권 우측 하단뿌리치기 / 왼손바닥 곁들인 채
기마자세 / 우권등 비스듬히 위쪽 향하기

우권은 어깨를 중심으로 크게 돌린다.

9. 상체는 그대로인 채 좌족 앞쪽 교차서기

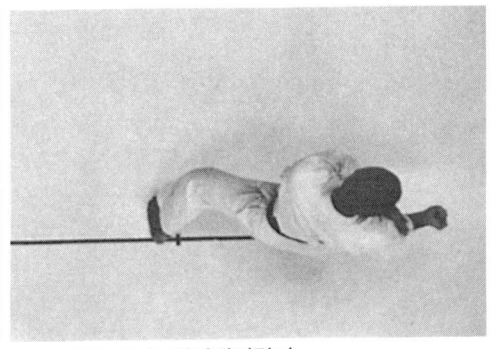

10. 오른팔 우측 하단밀어막기

10 오른팔 우측 하단밀어막기 / 등 아래쪽 향하기
왼손바닥을 오른팔꿈치에 곁들인다 / 기마자세

12 우권 우측 허리당기기 / 왼손바닥 우권 뒤쪽위 곁들이기
기마자세 / 우권등 아래쪽 향하기, 왼손바닥 등 위쪽 향하기, 얼굴 정면 향하기

우족을 문질러낸다.

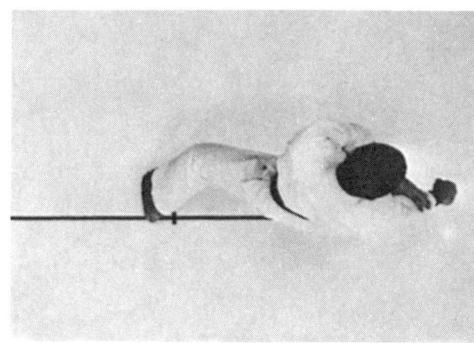

11. 우권 우측 하단뿌리치기

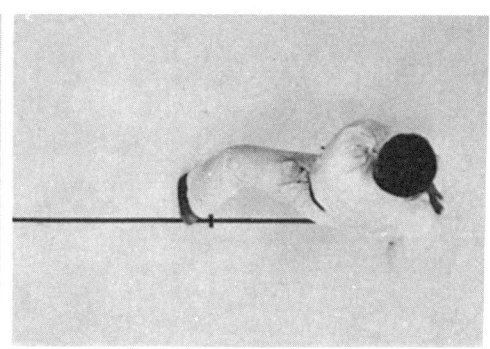

12. 우권 우측 허리당기기

13 우권 중단(바로)지르기
왼손바닥 그대로인 채 / 기마자세

15 좌 중단팔막기 / 우 하단막기
기마자세

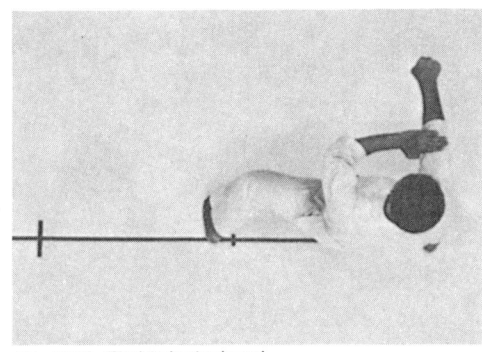
13. 우권 중단(바로)지르기

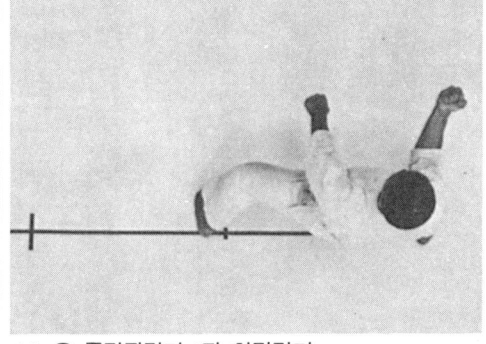
14. 우 중단팔막기 / 좌 하단막기

14 우 중단팔막기 / 좌 하단막기
기마자세

16a 왼팔등 상단내려치기
우권 그대로인 채

16b 좌권 상단뒤지르기
오른팔 가슴앞쪽 수평겨누기

15. 좌 중단팔막기 / 우 하단막기   16a. 왼팔등 상단내려치기   16b. 좌권 상단뒤지르기

17 상체 그대로인 채 얼굴 좌측 향하기
기마자세

18 상체 그대로인 채
우족 앞쪽 교차서기

20 왼팔 중단막기
우측은 그대로인 채
기마자세

21 왼팔등 상단내려치기
기마자세

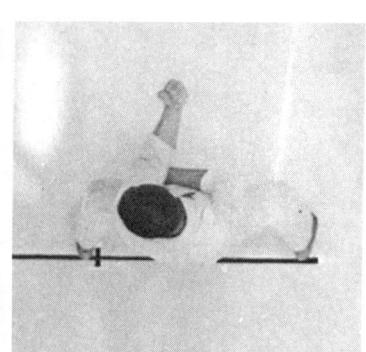

17. 상체 그대로인 채
얼굴 좌측 향하기

18. 상체 그대로인 채
우족 앞쪽 교차서기

19. 상체 그대로인 채 얼굴 정면 향
좌측 내딛기

19 상체 그대로인 채 얼굴 정면 향하기 / 좌측 내딛기
기마자세

얼굴은 정면 향하기.

22 좌권 상단뒤지르기
기마자세

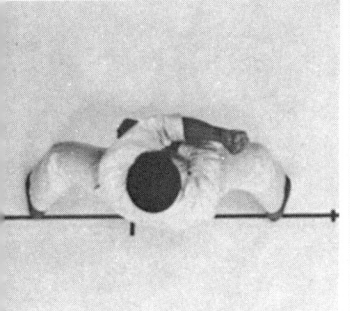

20. 왼팔 중단막기

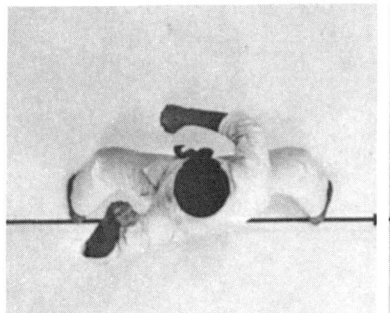

21. 왼팔등 상단내려치기

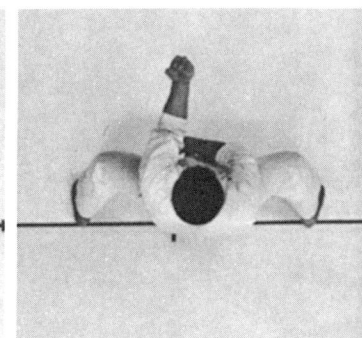

22. 좌권 상단뒤지르기

23 좌권 좌측 허리 / 등 아래쪽 향하기
오른손바닥 좌권 위

기마자세

24 좌권 중단(바로)지르기
오른손바닥 그대로인 채

기마자세

27 왼팔 좌측 하단밀어막기
오른손바닥 왼팔꿈치에 곁들이기

좌족 문질러내기 / 기마자세

오른손바닥은 호구를 벌려, 왼팔꿈치를 끼는 것처럼 곁들이고, 세게 좌측으로 밀어낸다.

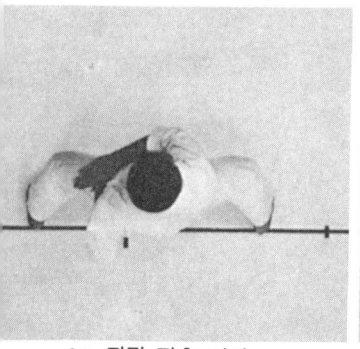 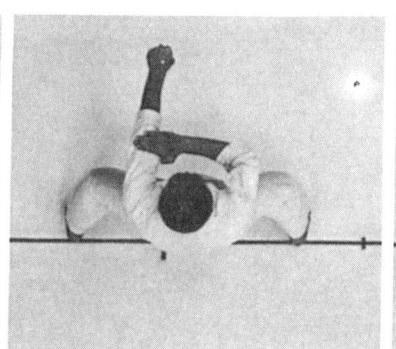 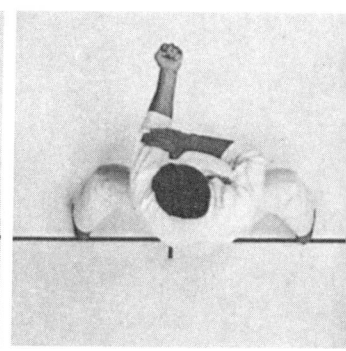

23. 좌권 좌측 허리

24. 좌권 중단(바로)지르기

25. 얼굴 좌측 향하기
왼팔 비틀기

25 얼굴 좌측 향하기 / 왼팔 비틀기
오른손바닥 그대로인 채

기마자세 　　손목을 젖히고
　　　　　　등 아래쪽 향하기

26 상체 그대로인 채
우족 앞쪽 교차서기

28 좌권 좌측 하단뿌리치기 / 오른손바닥 곁들인 채
기마자세

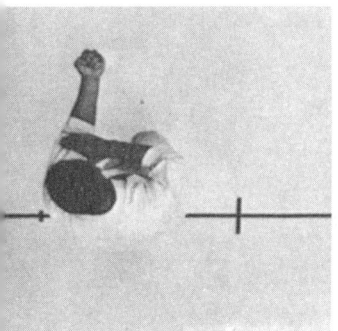

26. 상체 그대로인 채
　　우족 앞쪽 교차서기

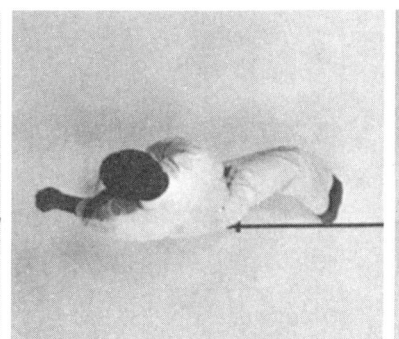

27. 왼팔 좌측 하단밀어막기

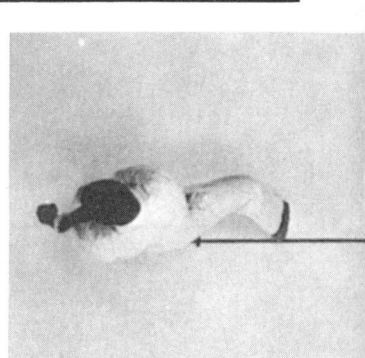

28. 좌권 좌측 하단뿌리치기

| 29 | 얼굴 정면 향하기
좌권 좌측 허리로 당긴다
오른손바닥 좌권 위 곁들이기
기마자세 | 30 | 좌권 중단(바로)지르기
오른손바닥 그대로인 채
기마자세 |

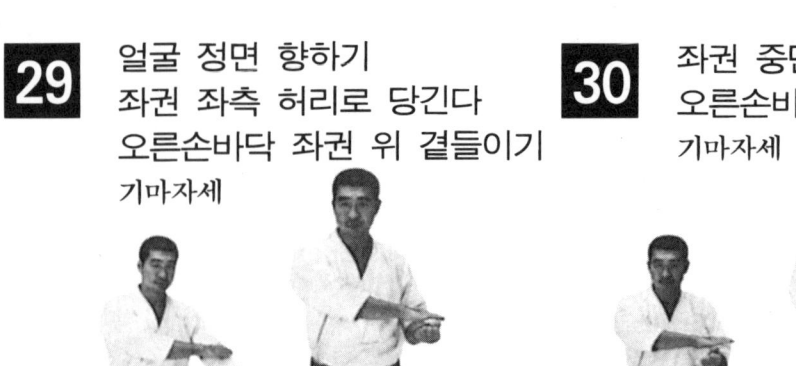
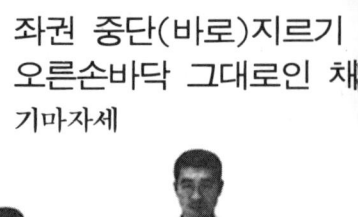

| 32 | 좌권 갈고리지르기 / 우권 우측 허리
기마자세 |

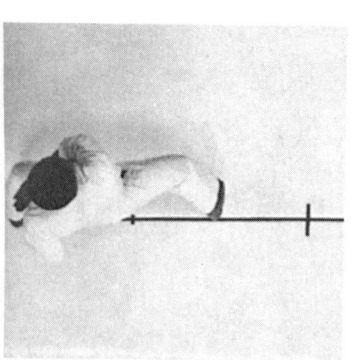
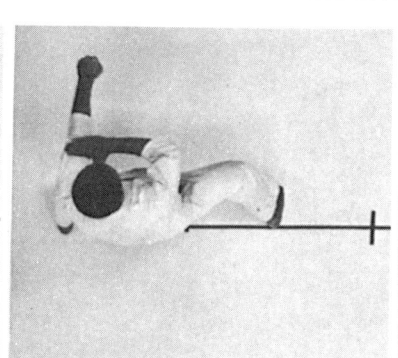
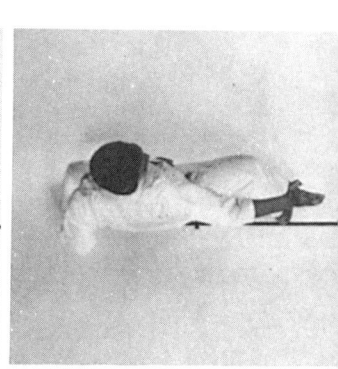

29. 얼굴 정면 향하기
    좌권 좌측 허리로 당긴다

30. 좌권 중단(바로)지르기

31. 오른손바닥 우측 중단잡기식막기

31 오른손바닥 우측 중단잡기식막기
얼굴 우측 향하기 / 좌권 좌측 허리로 당긴다
기마자세

33 상체 그대로인 채 좌족 앞쪽 교차서기

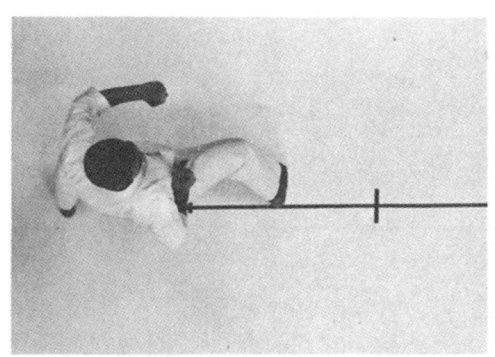

32. 좌권 갈고리지르기

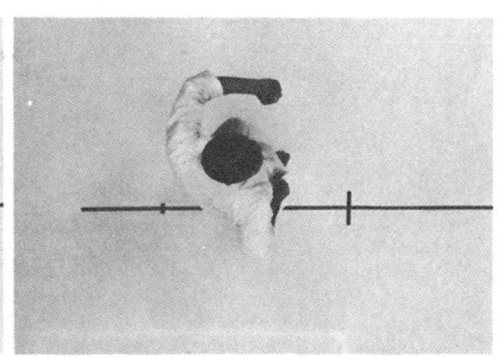

33. 상체 그대로인 채 좌족 앞쪽 교차서기

34 얼굴 정면 향하기 / 좌 중단팔막기
우권 그대로인 채 / 우족 내딛기, 기마자세

36 우권 상단뒤지르기
왼팔 가슴앞쪽 수평겨누기 / 기마자세

오른팔등 상단내려치기에서, 즉각 우권 중단뒤지르기.

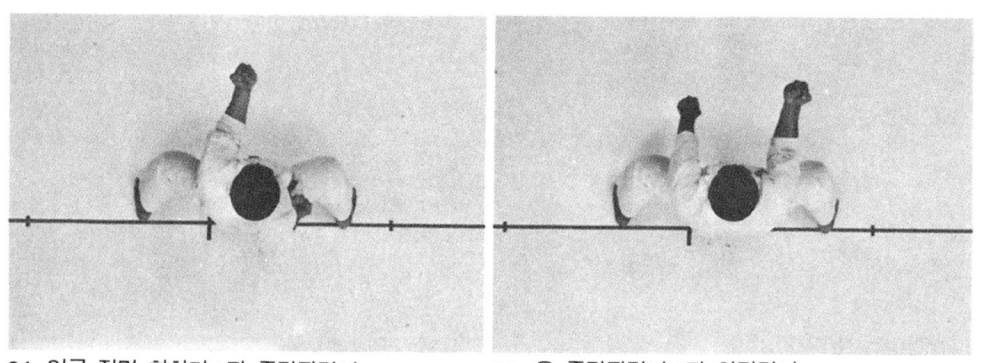

34. 얼굴 정면 향하기 / 좌 중단팔막기

35. 우 중단팔막기 / 좌 하단막기

35 우 중단팔막기 / 좌 하단막기
기마자세

우족을 당기고, 조용하게 자연체로 되돌아간다.

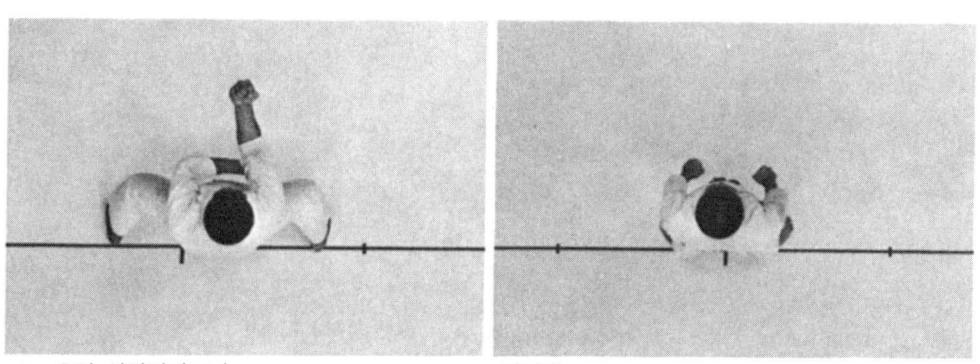

36. 우권 상단뒤지르기   자연체

제 8 장 철기3단

철기 3단의 포인트

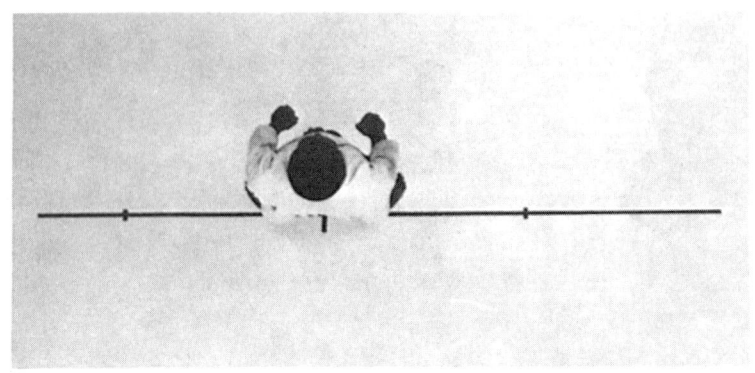

철기 3단   36거동   약 50초
중단 바꾸어막기의 재빠른 호흡을 터득한다. 기마자세, 교차서기 등을 확실하게 마스터할 것.

중하단(中下段) 바꾸어막기 : 중하단의 바꾸어막기는 서기가 다를 뿐, 평안3단의 바꾸어막기와 마찬가지이다. 거동 3은 팔꿈치 앞팔을 좌측으로 내지르는 것처럼 하여 막는다.

하단뿌리치기 : 거동 10의 자세에서 오른손목을 젖히면서, 어깨를 중심으로 주먹을 안쪽으로 크게 휘두르고, 다시 처음의 자세로 되돌아간다. 다만, 이 때 손등은 위쪽 향하기가 된다. 상반신은 흔들지 않도록.

무술 · 내공 · 건강 전문도서

서림 무술 시리즈

❶ 종합 태권도전서	김병운·김정록저	/35,000원
❷ 영한대역 태권도교범(1)	김정록저	/7,000원
❸ 영한대역 태권도교범(2)	김정록저	/7,000원
❹ 영한대역 태권도교범(3)	김정록저	/7,000원
❺ 영한 태권도교본	김정록저	/20,000원
❻ 태권도심판론	한상진저	/8,000원
❼ 전통 무술택견	송덕기저	/5,000원
❽ 실전 씨름교본	김정록편저	/6,000원
❾ 스포츠용어사전	강태정편저	/9,500원
❿ 줄넘기백과	한국줄넘기협회	/12,000원
⓫ 비전합기도	김상덕저	/5,000원
⓬ 합기도과학	강태정역	/7,000원
⓭ 공수도백과	강태정역	/12,000원
⓮ 실전 공수도교범	최영의저	/4,000원
⓯ 정통 유도백과	이성우역	/15,000원
⓰ 종합레슬링전서	서림편집부역	/12,000원
⓱ 회전무술교본	명재옥저	/4,000원
⓲ 족술도교본	명재옥저	/4,000원
⓳ 이소룡의 쌍절곤백과	이소룡저	/8,000원
⓴ 쌍절곤교범	이봉기·김조웅저	/4,000원
㉑ 절권도(상)	이소룡저	/8,000원
㉒ 절권도(하)	이소룡저	/8,000원
㉓ 이소룡과 영춘권법	이영복역편	/3,000원
㉔ 당랑적요격투기(Ⅰ)	이봉철저	/4,000원
㉕ 당랑권법(흑흑출동권)	박종관저	/3,000원
㉖ 격투발차기	조희근저	/4,000원
㉗ 양가태극권교본	박종관저	/6,000원
㉘ 진가태극권	조은훈감수	/3,000원
㉙ 우슈태극권교본	박종관편저	/5,000원
㉚ 우슈남권교본	박종관편저	/5,000원
㉛ 우슈장권교본	박종관편저	/5,000원
㉜ 최신 검도기법	편집부역	/4,500원
㉝ 검술교본	김상덕저	/4,000원
㉞ 도술교본	김상덕저	/4,000원
㉟ 곤술교본	김상덕저	/4,000원
㊱ 창술교본	김상덕저	/3,000원
㊲ 당랑권법 쌍풍권	소신당저	/4,500원
㊳ 당랑권법 매화권	소신당저	/5,000원
㊴ 당랑권법 금강권	소신당저	/4,500원
㊵ 내공팔극권(북파소림권)	무림편집부역	/5,000원
㊶ 쿵후교범(상)	조은훈저	/7,000원
㊷ 쿵후교범(하)	조은훈저	/7,000원
㊸ 사학비권	조은훈저	/6,000원
㊹ 이소룡의 생애와 무술과 사랑	정화편저	/6,000원

서림 내공 · 건강 시리즈

❶ 내공·양생술전서	석원태저	/8,000원
❷ 기공법과 차력술	박종관저	/8,000원
❸ 선도내공술	경기공추광단	/4,500원
❹ 소림내공술(Ⅰ)	경기공추광딘	/5,000원
❺ 중국의료기공	박종관저	/6,000원
❻ 금선증론	유화양	/8,000원
❼ 혜명경	유화양	/8,000원
❽ 천선정리	오수양저	/8,000원
❾ 선불합종	오수양저	/7,000원
❿ 포박자(내편 1)	갈홍저	/8,000원
⓫ 포박자(내편 2)	갈홍저	/8,000원
⓬ 포박자(외편 1)	갈홍저	/8,000원
⓭ 포박자(외편 2)	갈홍저	/8,000원
⓮ 포박자(외편 3)	갈홍저	/8,000원
⓯ 현묘지도	문경섭저	/8,000원
⓰ 발경의 과학	강태정역	/8,000원
⓱ 선단식(仙斷食)조기법	박종관저	/6,000원
⓲ 실용 단식건강법	박종관저	/4,000원
⓳ 36시간 단식법	편집부편	/3,000원
⓴ 7일완성 단식법	김주호역	/2,500원
㉑ 체질탐구	최병일저	/5,000원
㉒ 태국 안마요법	박종관저	/4,000원
㉓ 실용 지압치료법	박종관저	/4,500원
㉔ 지압건강법	서림편집부	/4,000원
㉕ 지압과 뜸	서림편집부	/4,000원
㉖ 발지압 맛사지 치료법	강태정역	/3,000원
㉗ 자기지압·맛사지·경혈체조	김주호저	/2,500원
㉘ 자가진단법	김영호저	/6,000원
㉙ 백만인의 요가	김주호역	/4,000원
㉚ 기공치료와 호흡건강법	김주호역	/3,000원
㉛ 단전호흡 건강법	김주호역	/4,000원
㉜ 약이 되는 자연식	이태우저	/4,000원
㉝ 새시대의 건강전략	이상택저	/6,000원
㉞ 성인병 정복의 길	이상택저	/4,500원

서림문화사

서울시 종로6가 213-1 (영안빌딩 405호) 전화(02)763-1445, 742-7070 팩스(02)745-4802

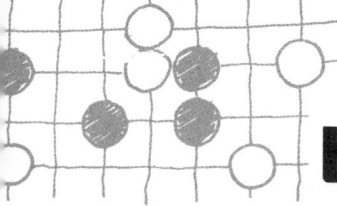

바둑전문도서

서림바둑 시리즈

- ❶ 당신도 바둑을 둘 수 있다 — 유병호 감수 /4,000원
- ❷ 알기 쉬운 초급바둑 — 유병호 감수 /4,000원
- ❸ 이것이 포석이다 — 유병호 감수 /4,000원
- ❹ 1급으로 가는 포석전략 — 유병호 감수 /4,000원
- ❺ 실력향상 테스트 — 가토마사오 저 /4,000원
- ❻ 이것이 정석이다 — 유병호 감수 /4,000원
- ❼ 바둑정석의 모든 것 — 유병호 감수 /4,000원
- ❽ 중반의 전략과 전투 — 유병호 감수 /4,000원
- ❾ 속임수 격파작전 — 유병호 감수 /4,000원
- ❿ 접바둑 비결 — 유병호 감수 /4,000원
- ⓫ 최신 바둑 첫걸음 — 편집부 역 /4,000원
- ⓬ 포석의 한수 — 편집부 역 /4,000원
- ⓭ 중반전의 필승전략(상) — 편집부 역 /4,000원
- ⓮ 중반전의 필승전략(하) — 편집부 역 /4,000원
- ⓯ 상급바둑의 길잡이 — 편집부 역 /4,000원
- ⓰ 암수를 피하는 길 — 가토마사오 저 /4,000원
- ⓱ 사활의 기초입문 — 임해봉 저 /4,000원
- ⓲ 끝내기 기법 — 구토노리오 저 /4,000원
- ⓳ 1급으로 가는 정석 — 이시다 요시오 /4,000원
- ⓴ 1급으로 가는 포석 — 다케미야 마사키 저 /4,000원
- ㉑ 1급으로 가는 맥점 — 가토 마사오 저 /4,000원
- ㉒ 1급으로 가는 실력 테스트 — 편집부 편 /4,000원
- ㉓ 3급으로 가는 정석 — 다케미야 마사키 저 /4,000원
- ㉔ 3급으로 가는 포석 — 가토 마사오 저 /4,000원
- ㉕ 3급으로 가는 맥점 — 이시다 요시오 /4,000원
- ㉖ 3급으로 가는 실력 테스트 — 편집부 편 /4,000원
- ㉗ 5급으로 가는 정석 — 이시다 요시오 저 /4,000원
- ㉘ 5급으로 가는 포석 — 다케미야 마사키 저 /4,000원
- ㉙ 5급으로 가는 맥점 — 가토 마사오 저 /4,000원
- ㉚ 5급으로 가는 실력 테스트 — 편집부 편 /4,000원
- ㉛ 9급으로 가는 정석 — 이시다 요시오 /4,000원
- ㉜ 9급으로 가는 포석 — 가토 마사오 저 /4,000원
- ㉝ 9급으로 가는 맥점 — 다케미야 마사키 저 /4,000원
- ㉞ 9급으로 가는 실력 테스트 — 편집부 편 /4,000원
- ㉟ 7급으로 가는 정석 — 다케미야 마사키 저 /4,000원
- ㊱ 7급으로 가는 포석 — 이시다 요시오 저 /4,000원
- ㊲ 7급으로 가는 맥점 — 가토 마사오 저 /4,000원
- ㊳ 7급으로 가는 실력 테스트 — 편집부 편 /4,000원
- ㊴ 승단으로 가는 정석 — 임해봉 저 /4,000원
- ㊵ 승단으로 가는 포석 — 오다케 시데오 저/4,000원
- ㊶ 승단으로 가는 맥점 — 이시다 요시오 저/4,000원
- ㊷ 승단으로 가는 실력 테스트 — 편집부 편/4,000원

서림바둑 소사전 시리즈

- ❶ 화점정석 소사전 — 일본기원 저/4,000원
- ❷ 포석 소사전 — 일본기원 저/4,000원
- ❸ 정석이후 소사전 — 일본기원 저/4,000원
- ❹ 함정수대책 소사전 — 일본기원 저/4,000원
- ❺ 소목·고목·외목 소사전 — 일본기원 저/4,000원
- ❻ 맥점 소사전 — 일본기원 저/4,000원
- ❼ 사활 소사전 — 일본기원 저/4,000원
- ❽ 접바둑 소사전 — 일본기원 저/4,000원
- ❾ 끝내기 소사전 — 일본기원 저/4,000원

서림 어린이 바둑 시리즈

- ❶ 바둑 첫걸음 — 일본기원 저/3,500원
- ❷ 집짓기와 정석 — 일본기원 저/3,500원
- ❸ 사활과 싸움 — 일본기원 저/3,500원

서림 바둑사전 시리즈

- ❶ 현대 정석 총해 — 임해봉 저 /9,500원
- ❷ 현대 포석 총해 — 이시다 요시오 저/9,500원
- ❸ 현대 맥점 총해 — 가토 마사오 저/9,500원
- ❹ 접바둑 총해 I — 이시다 요시오 저/11,000원
- ❺ 접바둑 총해 II — 이시다 요시오 저/11,000원
- ❻ 관자보 — 박재삼 편역/9,500원
- ❼ 현현기경 — 박재삼 편역/9,500원
- ❽ 기경중묘 — 박재삼 편역/9,500원

오늘의 바둑신서

- ❶ 조훈현 추억의 승부 — 조훈현 편저/5,000원
- ❷ 조훈현 집념의 승전보 — 조훈현 편저/5,000원
- ❸ 조훈현 대 서봉수 — 박재삼 편/4,500원
- ❹ 한국 정상의 대결 1 — 박재삼 편/4,500원
- ❺ 한국 정상의 대결 2 — 박재삼 편/4,500원
- ❻ 한국 정상의 대결 3 — 박재삼 편/4,500원

서림문화사
서울시 종로6가 213-1 (영안빌딩 405호) 전화(02)763-1445, 742-7070 팩스(02)745-4802

감수자／명재옥

1938. 12. 31.　전남 강진에서 출생
1965. 4.　　공수도 5단
1965. 9. 15.　합기도 제1 연무관 개설
1968. 11. 9.　합기도 심사위원장
1974. 5.　　합기도 관장회의장
1981. 3. 9.　합기도 이사 겸 부회장
1984. 1.　　합기도 10단 승단
1986. 1. 1.　족술도 창시(道主)
1986. 1. 1.　회전무술(도) 창시(道主)
1986. 5. 5.　회전무술 족술도 무재(武宰) 취임
1986. 6. 9.　족술도 교본 저작
1987. 3. 15.　세계 회전무술회 총본부장 취임
1987. 4.　　회전무술 교본 저작
1988. 5. 5.　회전 검술도 창시
1988. 5. 5.　회전 검술도 교본 저작
1988. 5. 5.　회전 봉술도 창시
1988. 5. 5.　회전 봉술도 교본 저작
1994. 5. 5.　경호무도 창시
1995. 5. 5.　세계 경호무도연맹 총재 취임

베스트 空手道全書 5　　값 9,000원

1판2쇄 2019년 1월 30일 인쇄
1판2쇄 2019년 2월 05일 발행

저　　자／ 中山正敏(나카야마 마사도시)
독　　자／ 姜泰鼎
감 수 자／ 明在玉

발 행 처／ 서림문화사
발 행 자／ 신 종 호
주　　소／ 경기도 파주시 광탄면 장지산로 278번길 68
홈페이지／ http://www.kung-fu.co.kr
전　　화／ (02)763-1445, 742-7070
팩시밀리／ (02)745-4802

등　　록／ 제 406-3000000251001975000017 호(1975.12.1)
특허청 상호등록／ 022307호

이 책은 日本 講談社와 韓國語版 발행을 독점계약하였습니다.
ⓒ1995. 講談社(Kodansha International Ltd.), Printed in Korea
ISBN 978-89-7186-158-5 93690